1996年3月，澳门新华社副社长宗光耀与李德印教授参加珠海市太极拳俱乐部成立庆典。图为李德印教授在会上讲话。

2000年12月3日，国家武术运动管理中心主任李杰（右三）到我协会视察工作时与澳门中联办副主任宗光耀（右四）、珠海市体委副主任何庆明（左三）、李华铭（左二）、太极拳协会会长陈光第（右二）、作者（右一）合影。

2001年11月，我协会承办“中国珠海国际太极拳交流大会”，邀请了多位全国太极拳名家前来指导，图为会议期间名家合影。后排从左至右为翟金禄、傅声远、马伟焕、赵幼斌、崔仲三、赵增福、游玄德、李正；前排从左到右为张志俊、孙永田、林墨根、杨振铎、孙剑云、吴文翰、陈正雷、李德印、王海洲。

2000年12月马虹老师来我协会举办陈式太极拳83式培训班，图为结业后与学员合影。前排左五为马虹、右四为会长陈光第、左四为作者。

2006年9月作者带队参加全国武术太极拳锦标赛。荣获个人第一名2项、第二名1项、其他名次5项、集体项目第六名、团体总分第六名。后排左一田春阳获男子传统武式太极拳第一名、右三葛维法获男子传统吴式太极拳第一名、右四为太阳神（珠海）电子有限公司董事长杨永祥、左四为作者；前排右三黄惠莲获女子老年组42式太极拳第二名。

2006年庆祝协会成立十周年全体常务理事和领导合影。前排左四为徐才、右四为宗光耀、左三为会长林玉潮、右三为名誉会长杨永祥、右二为主席蒋济舟、左二为作者，左一为副主席尹萍；后排左起第七至十为副主席万桂生、黄日晖、何炳章、田春阳。

2007年9月作者率团赴日本交流访问，在新宫市徐福公园徐福像前合影。左五为名誉团长杨永祥，右五为作者。

2008年10月原国家体委副主任徐才同志（左二）第二次到珠海参加“海峡两岸中华武术交流大会”时与我协会部分领导合影。左一为协会主席蒋济舟，右二为作者，右一为协会副主席尹萍。

2010年5月作者率团赴台湾交流访问，拜会中华太极拳总会。前排左二为中华太极拳总会理事长黄裕盛，左一为台湾传统武学太极拳协会理事长刘晓赋，左三为广东访问团名誉团长杨永祥，右二为作者；后排左二为日本访问团团长三代正广，左三为澳门访问团团长李文钦，右三为香港访问团团长傅清泉。

2010年10月作者带队参加广东省老年人运动会太极拳剑比赛，荣获24项个人项目中的8项第一名。图为我会参赛人员合影，左五为协会副主席兼领队陈洁贞，左四为副主席兼教练何炳章，右五为作者。

2010年12月作者参加丽江国际太极拳联谊会高峰论坛合影。左三为原澳门中联办副主任宗光耀，左二为作者。

2013年12月21日在广州体育学院武术系系庆十周年武术专题论坛上发言。右为广州体育学院武术系主任李朝旭教授，左为作者。

大众学练太极拳健身要点

吴清瑶 编著

人民体育出版社

献给珠海市体操运动

十五周年纪念

代序一

原国家体委副主任徐才
对珠海开展太极拳活动的看法与建议

原国家体委副主任、亚洲武术联合会名誉主席徐才同志于2008年10月10—13日来珠海参加“2008年‘台商杯’海峡两岸中华武术交流大会”。在返回北京后于10月15日上午专程来电话给我市太极拳协会执行会长吴清璠，谈了以下的看法与建议：

1. 这次会议很成功。2006年办了一届，今年再办，要坚持下去，使之制度化。

2. 珠海太极拳活动开展得不错，应深入发展。要发挥品牌效应，使太极拳成为城市的标志，争取成为“太极城”。珠海已是“航展城”，你们还应办成“太极城”。

3. 你们已有市领导、台商协会领导参加学练太极拳，还要在中方企业领导和市政府机关领导中加强培训，使各方面都有代表人物参加锻炼，让他们在一定的场合表演，扩大影响，带动全局。

4. 从这次大会的表演中可以看出，现在参加锻炼的人，老人多、青少年少，女的多、男的少，大会观众也少。要多在青少年中发展，要和教育局联系让太极拳与武术走进学校。要加强宣传，使大家都关心武术与太极拳。

(吴清播记录整理，未经徐才本人审阅)

2008年10月15日

附记：徐才同志来电话后，市太极拳协会即时将电话记录整理上报了主管部门，并制订了加强发展、争创“太极城”的措施。有几位现任市人大代表和政协委员还在市人大和政协会议上就珠海争创“太极城”问题提交了提案。争创“太极城”是个振奋人心的奋斗目标，鉴于当前我市太极拳活动的开展还有较大差距，尚须做艰苦的工作，近几年协会一直在朝这个目标努力。

代序二

在珠海市太极拳协会 2006年总结表彰大会上的讲话（摘要）

面对老拳友，我最没有发言权，因为我是刚入门的太极拳新手。几个月来我有点收获，那就是练习之后“三高”都好转了。因此，我太爱太极拳了。

我觉得太极拳不仅是一项运动，而且是一门科学、一项修养、一种品德，太极拳太深奥了。我唯一感叹的是相识太晚，作为一名中国人、炎黄子孙，不懂太极拳可能是终身遗憾。

让我们大家共同努力，使珠海的太极拳运动更加普及，让太极之光在珠海大放异彩。

珠海市政协常务副主席：[签名]

2007年1月13日

序 一

前不久我的老朋友、珠海市太极拳协会执行会长吴清璠兄把他近期完成的书稿《大众学练太极拳健身要点》递交给我，要我提出修改意见和建议，并要我写序。我受宠若惊，说了几句客气话，满口答应下来。

我仔细阅读了文稿，受益良多。我很欣赏书的题目“大众学练太极拳健身要点”。正如作者前言所写“……对象是大众，是指普通的离退休人员、上班族（包括企业老总）、公务员（包括领导干部），是业余大众，不是专业者。重点是健身，不是技击。内容是学练的要点。”很明确，学练太极拳的对象是普罗大众，不是武术专业人士。学练的目的是健身，不突出防身、技击功能。只讲述练拳过程的要点、要领，而不涉及套路的编排、比赛规则等。据估计，目前全世界有150多个国家和地区10亿多人在学练太极拳，正是它独特的“健身”效应，所以深受大众的喜爱。

我本人从20世纪60年代开始学练太极拳，五十多年来从未间断，参加太极拳的比赛、表演、义务教拳是我的乐趣。1989年底我被派驻澳门工作，长达十几年，珠海是我们的直接后方，每逢周末、假日多在珠海度过。珠海的公园、海边有我许多拳友，我有幸见证了珠海太极拳发展的历程。20 世纪 90 年代初各公园、海边学练太极拳者总数不超过 100 人，而如今太极拳协会在册会员已超 4000 人，还有为数不少的自由的或刚刚起步的习拳者。多年来除了在本市举办各类太极拳比赛、表演外，还经常组队赴省级、或全国及港、澳、台等地参赛，屡获佳绩。体育中心、各大公园、海边、社区晨晚学练太极拳的群众越来越多，已成珠海一道亮丽的风景线。

珠海市太极拳运动飞快发展应归功于市领导、市体育局的重视，还有一批企业家的支持及一大批热心太极拳的奉献者，而吴清播兄更是人们公认的功臣。他不仅自己坚持打拳、练功、义务教人，而且全身心投入组织、领导全市太极拳活动，实在难能可贵，令人敬佩。

目前我国正处于政治、经济、文化发展蒸蒸日上，全国各族人民安居乐业的大好历史时期，广大人民群众在物质需求基本满足后迫切希望掌握一种科学简便的健身方法以保持身心健康。而最理想的群众性的健身方法莫过于练习太极拳，我相信：《大众学练太极拳健身要点》一书的出版有利于推动太极拳群众运动的进一步发展，也是吴清播兄对太极拳事业的一大贡献，我谨此表示最衷心的祝贺，并盼望早日捧读。

是为序。

原中央驻澳门联络办副主任

现为国务院退休干部

中国武术段位八段　宗光耀

2011 年 3 月 6 日

序 二

太极拳是一种独具匠心的运动形式，是一种不同于日常生活中的力的表现，是华夏文明中“道”“儒”文化的肢体语言，是东方人智慧的结晶。几百年来，她以一种梦幻般的魅力让人们痴迷与求索。

珠海太极拳运动起步较晚，但推广较好，成绩有目共睹。这得益于这座城市的包容性和创造力，得益于一个群体的热忱与融合，得益于一位老人的执着、奉献和大爱。

吴清璠老先生退休时面临两种选择，一是习太极拳，一是习书法，老人最后决定选择前者，并从此坚持 16 年。老人的“坚持”跟常人不太一样，他能坚持向各门派拳师、拳友请教，从来不分老幼，坚持从各种书刊、文章中吸收营养，自我归纳总结，去伪存真，这就是“学”；他能每天坚持固定时间起床，然后“坐式腰功”，再“桩”再“拳”，这就是“练”；他几乎天天坚持拎个旧塑料袋，里面装着与各大名家、好手学习交流时的心得，很入神地坐在公共汽车上走向全市各个晨练点，这就是“悟”。如今，老人退休前常吃的药早已记不起名了，因为老人现在身体很健康；退休前全白的头发也已部分返青了，因为老人现在心态很健康，这种健康是老人所有付出的回报，也是所有人向往的。

吴清璠老先生一直是这个超过4000人团队的灵魂式的领导者。今天，他把16年来“学”“练”“悟”的一些“只可意会不可言传”的东西，毫无保留地写成文字，奉献给每一位热爱这项运动的同仁，权当是老人向协会成立15周年的献礼，但作为接受礼物的人，有义务读懂册子中的厚重与崇敬，这份财富是可以代代相传的。

是为序。

珠海市太极拳协会主席 蒋济舟

2011年3月6日于珠海

前 言

——为什么要写这本书

市面上有很多有关太极拳的书，一类是有关理论的，一类是具体操作的，对我们学练太极拳有很好的指导作用，学后收获很大。不过，我们在开展群众性学练活动中，还是深感必须结合练拳实际，进行一些深入浅出的指导与说明是非常必要的。同时，如何抓住关键与要点，如何处理学习套路与基本功的关系，特别是在练好外形的基础上如何进一步提升内功，增进练拳效果，都需要及时的提示与辅导。本书就是我们珠海市太极拳协会在学练实践过程中的一些认识与做法的记录。我已八十一岁了，我对协会的骨干讲，以前我常直接给学拳者讲课，现在我把我们的体会整理出来，以后多由你们去讲。因此，就产生了编写这本书的动力。

题目是《大众学练太极拳健身要点》。对象是大众，是指普通的离退休人员、上班族（包括企业老总）、公务员（包括领导干部），是业余大众，不是专业者。重点是健身，不是技击。内容是学练的“要点”，除了基本功部分，其他都不牵涉具体的操作（因为市面上已有很多这方面的书），只讲大家必须知道的“要点”，肯定不全面、不透彻，只是“必须知道”。

要特别申明，我不是专业体育工作者，也不是学医的，只是太极拳的业余爱好者。我原在人民解放军某部任后勤部长，因工作关系和当时国家派驻澳门机构南光公司的同志有些交往。他们向我推荐："练一年太极拳，两年都不得病。"因此，很想学练太极拳，但因条件所限，一直没能学成。直至退休后，1995 年 3 月，吴芳、黄日晖等同志在烈士陵园办班教拳，我才开始跟他们学国家规定的套路。学拳后 3 个月，没有看病吃药，原有的前列腺初期肥大症状不知不觉消失，我就给市体委建议：这么好的太极拳为什么不组织起来推广，体委的答复是你们可以组织。开始由吴芳等同志联系在市武术协会下成立太极拳俱乐部，后来他们要我担任常务副会长，主持日常工作，从此和太极拳结下了缘。俱乐部于 2001 年注册为独立法人珠海市太极拳协会，我任执行会长至今。

20 世纪 90 年代宗光耀同志在澳门新华社任副社长，他对珠海的太极拳活动很关心。曾住在珠海，并且利用业余时间教过拳，1996 年俱乐部成立时专程带李德印老师来指导，使我们起步的起点就比较高。后来我们又先后邀请了周展方、赵群德、杨云中、武冬、朱天才、李正、马虹、王二平、陈正雷、傅清泉、霍东利、赵增福、陈瑜、王长海、王培锟、雷更生等老师前来指导与办班，帮助我们提高技艺。我会现有在册会员近六千多人。外出比赛屡创佳绩，2006 年经省选拔，代表广东省参加全国武术太极拳锦标赛，获个人第一名 2 项、第二名 1 项、其他名次 5 项、集体项目第六名，并获团体总分第六名。先后承办了 1 次国际交流会，3 次珠台与海峡两岸交流会，6 次珠、港、澳汇演，3 次赴日与赴台交流访问，3 次被国家体育总局授予“全国群众体育先进单位”称号。

在和大家一起学练的过程中，我喜欢问是什么？为什么？尽量用现代科学道理去解释与理解古拳谱的论述，除了多请教老师，还去看书找资料，逐步加深对太极拳的认识与理解，并且经常和协会的同志交流切磋，把我们的认识与体会运用到协会工作中去。书中的有些内容是我的学习心得与体悟，更多的内容是协会全体同志共同实践的结晶。

2011 年本书曾作为珠海市太极拳运动十五周年献礼的资料供本协会会员使用，同时用于珠江三角洲周边城市和台湾等地的拳友交流。大家反映其内容比较适合大众学练太极拳的需要，可以帮助大家少走弯路，颇受欢迎，很多会员买去送给亲友，有的城市协会还回头再度求购。现将原稿做适当修改与增补，由人民体育出版社正式出版，以便惠及更多的国内外的太极拳爱好者。

本书的出版还获得了美球集团董事长林玉潮、太阳神（珠海）电子有限公司董事长杨永祥和本协会副理事长吴远青的支持与赞助，特此感谢。

尽管我们主观上谨慎小心，生怕出现误导，但是由于水平有限，练拳资历不深，见识不广，客观上谬误在所难免，希望不吝赐教，给予批评指正。

珠海市太极拳协会执行会长：吴清播

2014 年 1 月 1 日

目 录

一、为什么要学练太极拳

（一）人体生理需要体育锻炼

两千多年前成书的中国第一部医学巨著《黄帝内经》开头就讲："上古之人，其知道者，法于阴阳，和于术数，食饮有节，起居有常，不妄作劳，故能形与神俱，而尽终其天年，度百岁乃去。"

这段话告诉我们健身的4个要素：

（1）法于阴阳，和于术数。就是要认清宇宙的发展规律，使自己的思想与客观事物的发展相适应。用现在的话讲，就是对事物要看得开，思想豁达，精神开朗，心态平和。

（2）食饮有节。就是要合理饮食。

（3）起居有常。要养成良好的生活习惯，特别是要保持足够的良好睡眠。

（4）不妄作劳。就是要适当的运动。

这4个要素，讲的都是后天的主观可控的要素。很多有关健身的讲座和书，虽各有侧重，但基本上都离不开这几条（有人提出影响健康的条件还有基因，因为它是先天因素，不是后天可以控制的；还有人提出环保影响健康，因为它属于客观条件，也不是主观可控因素，不在我们所说的影响健康的要素之列）。而4个要素中，饮食与起居属生活安排，精神和运动就属于我们所要探讨的体育锻炼的范畴。

18世纪法国启蒙运动的主要人物、哲学家、诗人伏尔泰有句名言："生命在于运动。"体育运动是促进生命新陈代谢的"催化剂"。根据生物进化规律，人体各部器官都有"用进废退"的作用，经常使用和运动的器官就趋于发达，长期不用的就会萎缩退化。人体每时每刻都在新陈代谢，每天都要排泄掉废弃的万亿个细胞，同时又新生长出一批新细胞。而影响新生细胞的数量与质量的一个重要因素就是运动。

运动有两个问题要掌握：

一是运动要掌握适当的度。运动量要适度。运动生理学有个超量恢复原理指出，不运动或运动量太小，新陈代谢中新生细胞就会少或弱于原有状态，身体健康就会走下坡；运动量过大则消耗能量太多，使运动后难以恢复，同样不利于健康。只有适量的运动，运动后身体恢复时其新生细胞会多于强于原有细胞，身体健康会比原来好。有些书建议大家每天要通过运动消耗1000大卡以上的热量就是这个道理。因为消耗热量不好掌握，简易的掌握办法就是每日至少"出一身汗"。

二是运动要全面。对于运动，东西方文化的理念是有差异的。西方文化所讲的运动主要是指外在的肢体运动（因为人体构造的整体性，外在肢体运动也会带动内在的心肺功能，并且运动本身也有一定的精神舒缓作用），它所强调与追求的是肢体的负荷量、消耗能量与促进肌肉生长，它的运动项目侧重于跑、跳、举重、球类等。中华文化则认为，人体是宇宙的一部分，是一个极其复杂的生命体，强调要保持整体的阴阳平衡，运动既讲形，更重神，强调神形俱练；既讲外，更重内，强调内外兼修。所以武术界有句话："内练一口气（有的讲精气神），外练筋骨皮。"由于中华文化的运动观更加符合人体生命的规律，因此在中华文化运动观指引下产生的运动项目其健身效果就特别显著，太极拳正是这样的一个有代表性的项目。

（二）什么是太极拳

1959年周恩来总理向日本友人松村谦三介绍太极拳时作了精辟的阐述："太极拳是中国的一种优秀传统文化，内涵十分丰富，充满哲理，与中国传统医学有血缘关系。太极拳是一项极好的健身活动，可以强身健体，可以防身自卫，可以陶冶情操，也是一种美的享受，给人们带来情趣和幸福，延年益寿。"

这段话，前一句讲的是太极拳的实质与内涵，后一句讲的是太极拳的作用与功能。

太极拳是中华武术中的一个拳种，经过长期的积累和演进，明末清初已初步成型。原名叫“长拳”“十三势”（长拳者，如长江大海，滔滔不绝也。十三势者，掤、捋、挤、按、采、挒、肘、靠、进、退、顾、盼、定也），直至清朝乾隆年间王宗岳发表的《太极拳论》才正式叫“太极拳”，鲜明地亮出这个拳种的“太极”特点。

太极理论是我国古代先哲观察与研究宇宙发展的理论概括（或叫哲学模型），“太极”这个词首先出现在两千多年前的《易经》里。《周易·系辞上传》说：“易有太极，是生两仪，两仪生四象，四象生八卦，八卦定吉凶，吉凶生大业。”意思是说宇宙的形成是从一片空白的“无”，逐步发展到开始形成混混沌沌的“无”与“有”之间的“无极”，再到开始“有”阴阳、正负（电子）的太极状态，开始有了世界，然后经过两仪、四象、八卦，再发展形成大业（大千世界）（图 1–1）。

图 1–1

我们祖先的这个认识具有伟大的智慧，而且十分超前，完全和现代对宇宙的相关研究相吻合（关于无极与太极，历史上各门派有不同的解读，我则比较赞同上述的讲法）。

王宗岳在《太极拳论》开头就讲："太极者，无极而生，动静之机，阴阳之母也。"太极拳正是在我国传统哲学的指导下，吸收了《黄帝内经》开创的传统医学的精华和武学理论形成的一种特点鲜明的拳种，被誉为"哲拳"。和道家丹道学"顺则成人，逆则成仙"的思路相仿，太极拳也沿用逆向思维，让学练者回复到人的原始太极状态，以便发挥人体所固有的自我调节功能和潜在能量。正如金庸说的："太极拳的基本构想，在世界任何拳术、武功、搏击方法中是独一无二的。我相信这是老庄哲学在拳术中的体现。用在政治上，那是清静无为的黄老之术；用在拳术上，便是以柔克刚的太极拳。道理是一样的，以自然、柔韧、沉着、安舒为主旨，基本要点是保持自己的重心，设法破坏对手的平衡。……所以太极拳讲究'以静制动''四两拨千斤'和'后发制人'。"（引自吴公藻编《太极拳讲义》）

河北翟金录老师形容太极拳是"流畅的山水画，优美的抒情诗，活的雕塑，流动的音乐"（引自《太极名家谈真谛》）。我市政协常务副主席周本辉在学了太极拳后说："我觉得太极拳不仅是一项运动，而且是一门科学，一项修养、一种品德。”“深感相识太晚，作为一名中国人，炎黄子孙，不懂太极拳可能是终身遗憾。”

简言之，太极拳是刚柔相济、以柔克刚的一种拳术；是内外兼修、以内为主的内家拳；是“以心行气”“以气运身”的高级气功；是阴阳平衡、天人和谐的意识修养；是中正安舒、心神愉悦的高层次文化享受。

总之，太极拳是中华民族的一种内涵十分丰富的高雅文化活动，旧社会主要在达官贵人圈子里流行。解放后，国家组织向广大人民群众推广，让更多人享受祖国文化遗产的恩泽，这是我们这一代人的幸福，我们应该珍惜这种机遇，认真地加以继承与发扬。

（三）为什么太极拳的健身效果那么显著

太极拳是拳术，其原始功能是技击，而且技艺高超。杨露禅可以称雄高手云集的北京，被誉为“杨无敌”就是明证。由于太极拳是人体运动，在其形成与发展过程中充分吸收了我国传统医学的精华，所以其健身效果特佳，以至发展到很多太极拳先辈把养生作为练太极拳的第一要素。王宗岳在《十三势歌》中就讲：“详推用意终何在？益寿延年不老春！”《太极拳论》的小注就讲：“欲天下豪杰延年益寿，不徒作技艺之末也。”特别是随着时代的进化，太极拳的技击功能逐渐弱化，健身功能逐渐突出。到现在，绝大多数人学练太极拳主要就是为了健身。1995 年 12 月 8 日《医药保健报》介绍，美国华盛顿大学医学院经过调查证实，中国的“太极拳是老年人最佳健身法”。应该指出，他们的调查仅从老人摔跤等几个表面现象综合分析，其实还没有接触到太极拳的实质，而且局限于老年人，不过已经说明太极拳的功效已逐步被人认识。

太极拳健身效果好是否可以从以下几个方面来认识。

1. 能较好地发挥神经系统的调节作用，被称为“精神体操”

一般人的习惯认为，精神的东西是“虚”的，但从生理学上讲，思维（包括意念、情绪）是实实在在的物质运动。因为人的神经信号的传递是通过神经元中的突触分泌递质（激素）和产生电位差去进行的。人有了意念神经元中的突触就会产生相应的激素分泌和电位差，从而影响人体的生理运作。中医讲“过怒伤肝，过喜伤心、过思伤脾、过悲伤肺、过恐伤肾”就是这个道理。

中国的传统医学认为：人的精神越入静，就越能发挥人体固有的自我调节（包括生长、适应与修复）作用。《黄帝内经》指出：“恬淡虚无，真气从之，精神内守，病安从来。”《老子》强调“守静笃”。

从现代生理学的角度看，太极拳健身效果好，就是因为较好地激发了植物神经中的副交感神经对人体的调节作用。台湾徐文医生 1993 年 10 月在美国亚利桑那州 AVIGONA 大学医学院心脏病中心讲演他以太极拳为主要手段治疗冠状动脉心脏病和高血压的经验时指出，太极拳的“松静”使病人的迷走神经（也叫副交感神经）发挥了对人体生理的调节作用。现代生理学认为，人体除了中枢神经之外还有相对独立的自主神经（也叫植物神经），主要管内脏运动。植物人中枢神经已不起作用，但还可以生活十多年，而且不得病，就是因为自主神经还在发挥作用。自主神经包含两个部分，一是交感神经，主要管应激反应。人突然受惊会血压增高，心跳加快，瞳孔放大，肾上腺素分泌增多，这是交感神经应激反应的典型表现。现代人生活紧张、工作压力大，使交感神经长期处于亢奋状态，造成身体内分泌紊乱，就容易患高血压、冠心病等疾病。另一方面是副交感神经（也叫迷走神经），它的作用正和交感神经相反。副交感神经亢奋时，心率放缓，血压下降，最主要的是可以调节内分泌系统。经常让副交感神经处于亢奋状态，就有利于身体健康，但是副交感神经是不听中枢神经指挥的，要它亢奋就要创造一个必要的条件——“心静体松”。练太极拳时的“心静体松”就提供了副交感神经亢奋的条件。我市香山公园有位拳友通过练太极拳改善了糖尿病症状，说到此事时，他的朋友认为糖尿病是内分泌紊乱所致，和练太极拳有什么关系。他不了解，正是练拳使副交感神经亢奋，增加胰岛素的分泌，从而降低了血糖指数，这正是练太极拳对很多慢性病有一定疗效的生理学机理。以下是张镜如主编的高等医药院校教材《生理学》351 页自主神经的主要功能，如表 1–1 所示。

表 1–1 自主神经的主要功能

器官	交感神经	副交感神经
循环器官	心跳加快加强，腹腔内脏血管、皮肤血管以及分布于唾液腺与外生殖器官的血管均收缩，脾包囊收缩，肌肉血管可收缩（肾上腺素能）或舒张（胆碱能）	心跳减慢，心房收缩减弱部分血管（如软脑膜动脉与分布于外生殖器的血管等）舒张
呼吸器官	支气管平滑肌舒张	支气管平滑肌收缩，促进黏膜腺分泌
消化器官	分泌黏稠唾液，抑制胃肠运动，促进括约肌收缩，抑制胆囊活动	分泌稀薄唾液，促进胃液、胰液分泌，促进胃肠运动和使括约肌舒张，促进胆囊收缩
泌尿生殖器官	促进肾小管的重吸收，使逼尿肌舒张和括约肌收缩，使有孕子宫收缩，无孕子宫舒张	使逼尿肌收缩和括约肌舒张

（续表）

器官	交感神经	副交感神经
眼	使虹膜辐射状肌收缩，瞳孔扩大使睫状体辐射状肌收缩，睫状体环增大 使上眼睑平滑肌收缩	使虹膜环形肌收缩，瞳孔缩小 使睫状体环形肌收缩，睫状体环缩小 促进泪腺分泌
皮肤	竖毛肌收缩，汗腺分泌	
代谢	促进糖原分解，促进肾上腺髓质分泌	促进胰岛素分泌

有些人误认为太极拳慢吞吞的，是只适合老年人和“病号”的“老人拳”，他们不理解，人要调节神经系统和内脏功能，就必须从松静舒缓的运动入手，不管年老年少概不能外，这也符合运动生理学讲的“有氧运动”的道理。

另外，生理学还告诉我们，人的脑电波有四种状态。当人睡眠期间脑电波呈现每秒 0.5~3 次的 δ 波，困倦时呈现每秒 4~7 次的 θ 波，处在安静并闭眼时呈现每秒 8~13 次的 α 波，人在清醒和脑子紧张活动时呈现每秒 14~30 次的 β 波，如图 1–2 所示。

肖文键著的《冥想》一书指出：“当脑波呈现 α 波时，想象力、创造力与灵感便会源源不断地涌出，此

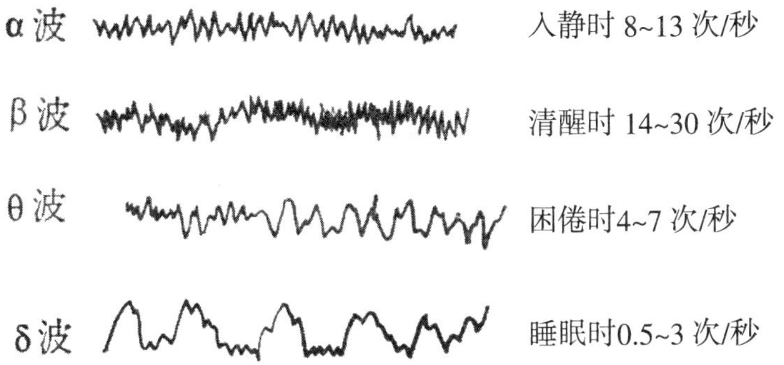

图 1–2

外对于事物的判断、理解力都会大幅提升，同时身心会呈现安定、愉快的感觉。”太极拳桩功的“入静”，脑电波就处于 α 波状态。

当然，太极拳对神经系统的作用应该不限于此，更多的内容还有待有志之士进一步去研究。

2. 按摩内脏，促进内脏器官功能的调节

太极拳对内脏器官的按摩主要通过两个途径。一是通过胸腹折叠和腰部运动从外部的位移带动腹内器官产生摩擦。打拳时强调“主宰于腰”“丹田内转，胸腹折叠”，对内脏器官的按摩作用是比较明显的。当然，以外带内的按摩内脏并非太极拳所独有，现代的拉丁舞、街舞等运动的扭腰动作也同样起到这种作用。

二是通过逆腹式呼吸使腹腔内产生空气压力变化，以气压直接按摩内脏，这是太极拳独有的不同于一般运动的特点。生理学将人体呼吸分为胸式与腹式两种。呼吸时胸肋肌起伏，肺叶横向扩张与收缩称为胸式呼吸；呼吸时横膈肌纵向升降，腹部起伏，肺叶上下运动称为腹式呼吸。平时小孩仰睡时小腹上下起伏，就是典型的顺腹式呼吸。按生理学讲，胸式呼吸时肺叶下部约 1/3 没有参加工作，而腹式呼吸则全部肺叶发挥作用，因此腹式呼吸的呼吸效果更好。在做剧烈运动时，一般是胸腹式两种呼吸同时工作的。因为人体结构形成用力时呼气，腹部鼓起，武术技击发力时自然而然采用逆腹式呼吸。

逆腹式呼吸的生理作用是：吸气时横膈肌下压，小腹内收，腹腔缩小，腔内空气压力增大；呼气时横膈肌上升，小腹凸出，腹腔扩大，腔内压强变小。腹腔内的器官是平滑肌，本身不能伸缩运动，而腔内气压的大小变化，用空气压力直接按摩，对促进这些器官的新陈代谢，调节其脏器功能，并刺激腹部副交感神经亢奋，都能发挥很好的作用。

3. 舒通经络，促进气血循环

“气”是中华文化对某种能量的一种抽象表达，或者叫学术概括。除了从社会文化层面所讲的“风气”“人气”“志气”“正气”等称谓外，从练拳角度讲的“气”，应该包括三个层次。一是武术中讲的“外气”，就是指吸进氧气，呼出二氧化碳。二是胸腹腔内所存有的空气。三是武术中讲的“内气”，也是中医所讲的“元气”“真气”，古字为“炁”，是指人的生命能量。练拳中以上三者既有区别又相互联系，一般是“以外气引动内气”。人通过呼吸吸进氧气，在肺叶里进行气血交换，由血液将氧气带到全身，同时将血液中带回的二氧化碳呼出。练拳时通过逆腹式呼吸，除了呼吸空气之外，还使腹腔中的空气产生压力变化，按摩内脏，促进副交感神经亢奋，同时激发“内气”“真气”的增长并循经络运行。唐豪、顾留馨《太极拳研究》中说：“太极拳采取腹式呼吸，古人称作‘练气’，即通过呼吸来调节神经，按摩内脏，畅通气血，促进新陈代谢。”中国当代国学大师之一南怀瑾说：“这些练习方法的最后目的，都是凭借呼吸的作用，由此而引发生理潜能的‘真气’……借用现代语来说，它就是生命的本能。”

关于经络，过去因为用原始的解剖方法发现不了，很多人怀疑甚至不承认其存在。其实，两千多年来中医的医疗实践特别是“针灸”疗法已经雄辩地证实了经络理论的正确。1998 年上海复旦大学费伦教授领导的一个科研小组采用现代科学方法，通过解剖与物理实验证实了人体经络的存在（其论文已分别在 1998 年 3 月中国的《科学通报》和 2000 年世界卫生组织“传统医学研讨会”中发表）。台湾王唯工教授以共振理论来分析“气”的作用，并据此测出各个不同经络的共振谐波，以下是王唯工著《气的乐章》第 77 页“生物演化时程先后与经络数目逐渐增加的可能对应关系”，如图 1–3 所示。

2010 年 11 月联合国教科文组织已经把中医“针灸”列为世界非物质文化历史遗产名录。我们祖先对世界医学的伟大贡献，又一次被世人公认。

4. 拉筋活脊，促进身体机能

和西方文化强调体育运动以长肌肉为主的观点不同，中华文化强调运动的重点在于“拉筋”。成人约有 206 块骨头，它是分散成块状的，骨骼之间靠软组织、韧带、肌腱把它们连接成整体。这些软组织、韧带、肌腱在武术里都叫“筋”。这些“筋”如果缺乏运动，就会逐渐失去弹性（活力），走向老化，严重的有些部位还会钙化，形成骨质增生。“拉筋”就是经常运动这些软组织、韧带、肌腱，使其保持弹性，使身体保持一定的柔韧性，保持人体生命力。有本书名就叫《筋长一

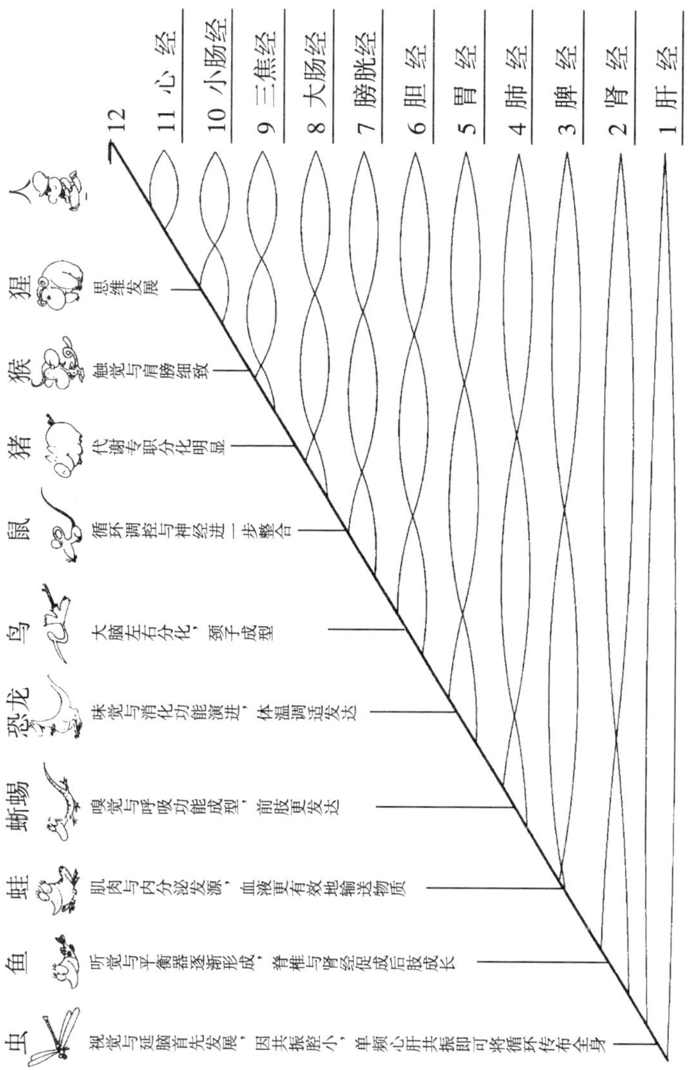

图 1-3 生物演化时程先后与经络数目逐渐增加的可能对应关系　蔡志忠绘图

寸，寿延十年》。这就是武术里讲的“外练筋骨皮”，也是基本功训练的重要内容。

脊椎是人体的“主心骨”，所有内脏器官的神经都集中在脊椎上，也是所有阴阳经络路径所在。由人进化到直立行走后，脊椎的垂直压力增大，而平时睡觉侧卧又使脊椎产生扭曲变形，如果长期不进行运动调整，就很容易产生脊椎钙化（骨质增生）和腰椎间盘突出等病变。太极拳的腰功正是预防与辅助治疗脊椎疾病的重要方法。

正是由于练太极拳可以调节神经系统，按摩内脏，疏通经络，拉筋活脊，因此具有极其优异的健身效果。这方面的实例比比皆是。据我们 2007 年对 933 名练拳者的调查，原有便秘者经过太极拳锻炼后明显好转的占 87%；原有失眠者明显好转的占 80% ；原有胃病者有明显好转的占 78.5%；原有高血压、高血脂者有明显好转的占 66%；原有糖尿病者明显好转的占 55%。而且普遍反映，练太极拳的人，身体的外部表象往往比实际年龄看来要小。我协会有几个五十多岁的女经理，公司体检时她们的骨质密度比三十多岁的女员工还好。我协会原会长陈光第 29 岁得了肺结核第三期（即肺穿孔），当时已无明显医效，后开始学练太极拳，每天早晚必练，3 年后病除。42 岁时，因医疗事故得心脏二尖瓣脱垂，每次行走，必须三步一休，生命垂危，曾到省人民医院做了二尖瓣切换手术的准备工作，连被切换的猪都已准备好，因故中止。开始转服中药，并按医嘱，量力操练太极拳，病情逐渐好转，2 年后身体基本恢复正常。现年 76 岁，身心健康，除练太极拳外，还能跑步、游泳、爬山。他感慨地说："太极拳使我获得了第二次生命。"

二、几项健身效果较好的基本功法

过去有些人有个误区，把太极拳套路绝对化，以为学会了几个套路就是学会了太极拳。其实太极拳内容十分丰富，有一套严谨的体系，概括起来应该包括基本功（含热身、练气、练力、练技巧等多种）、套路（含徒手、器械）和推手（散手）3个部分。其中基本功属单项练习、套路是综合练习、推手是对基本功和套路的运用与检验，学练时不应偏废。总之，其核心内容还是武术上讲的“内练一口气（精气神），外练筋骨皮”。即内练“气”、外拉“筋”。

应该说明的是，几千年来我们祖先的很多仁人志士为了探索健身方法做了很多艰苦的努力，创造了各有特色的很多很好的健身功法，流传下来很多丰富的宝贵经验。如华佗的“五禽戏”、李似矩的“八段锦”、达摩的“易筋经”和儒、道、释与武术各门派的功法等，这些功法虽然有些具体动作不尽相同，但都围绕“内练气、外拉筋”的核心，起到殊途同归的健身作用。在此，我们选择了几项动作相对简单、花费时间不长、健身效果较好的功法供健身爱好者选练。

（一）坐式腰功

这是毛鸿恩老师（霍殿阁弟子，末代皇帝溥仪的侍卫）2001 年到珠海时传授。他“希望珠海人学练之后能够增寿十年”。原叫“意气功”，后来为了更切合操作，就叫“坐式腰功”。它的作用：一能按摩内脏；二是重点舒通带脉、胆经和任督二脉；三是健肾与促进脊椎运动。

坐式腰功动作图解如下：

预备势盘腿坐下

1. 左右平移腰脊，往复 10~20 次。（图 2–1、图 2–2）

图 2–1

图 2–2

2. 前后平移腰脊，往复 10~20 次。（图 2–3、图 2–4）

图 2–3

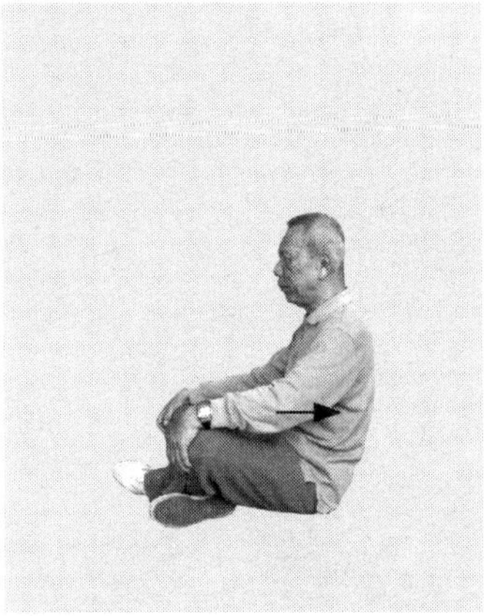

图 2–4

3. 向左平圆旋腰，往复 10~20 次。（图 2–5）

4. 向右平圆旋腰，往复 10~20 次。动作与第 3 动相同，唯方向相反，参见图 2–5。

图 2–5

5. 向左立圆旋腰，往复 10~20 次。（图 2-6）

6. 向右立圆旋腰，往复 10~20 次。动作与第 5 动相同，唯方向相反，参见图 2-6。

7. 向前立圆旋腰，往复 10~20 次。（图 2-7）

8. 向后立圆旋腰，往复 10~20 次。动作与第 7 动相同，唯方向相反，参见图 2-7。

图 2-6

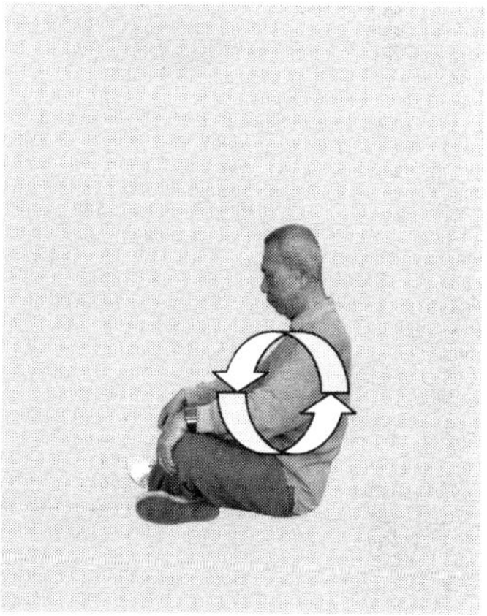

图 2-7

9. 两手平伸与腰高，左右平面转腰，往复 10~20 次。（图 2-8、图 2-9）

图 2–8

图 2–9

10. 两手半握拳环抱与胸高，左右平面转腰，往复10~20 次。（图 2–10、图 2–11）

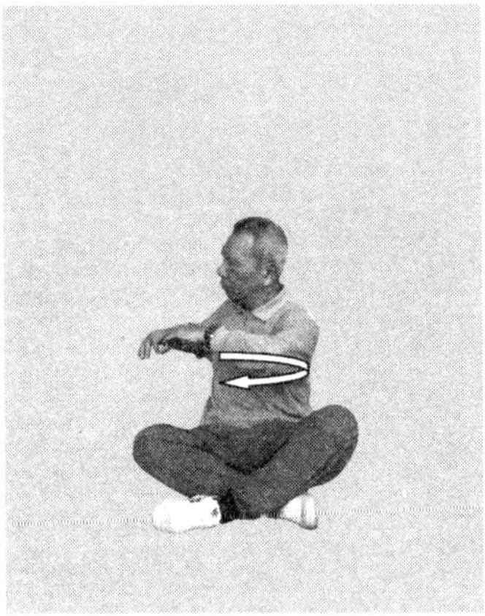

图 2–10

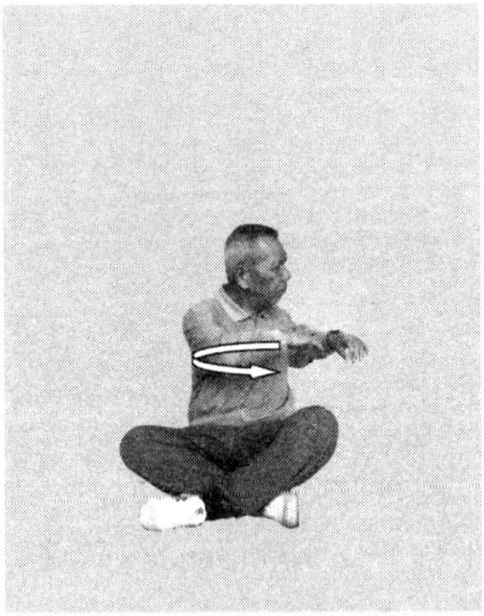

图 2–11

11. 仰卧起坐 10~30 次。

12. 敲击穴位：胃经足三里，胆经的环跳、风市、阳陵泉，各敲击 30~50 次。（图 2–12、图 2–13）

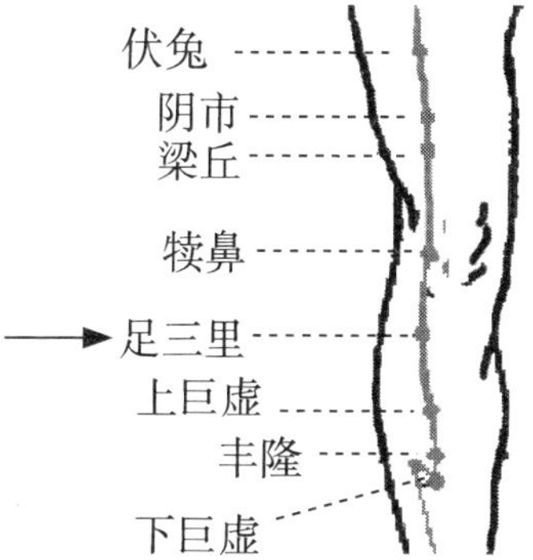

图 2–12

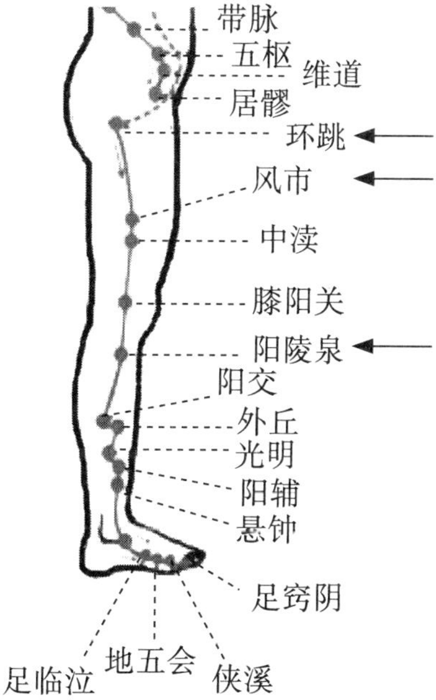

图 2–13

13. 两手合搓，待劳宫穴搓热后，用手捂眼睛约10次。

14. 用两手掌干擦脸约10次。

15. 按摩耳朵的听宫、翳风穴。

以上腰功练平移和旋腰时要始终保持身体正直，两肩持平，主要靠脊椎运动。一般是早上起床后暂不下床，盘腿而坐，也可坐在床缘练习，整个过程12~15分钟。

（二）混元桩

混元桩的主要作用是“练气”和“养气”。

桩功在武术里有多种。站桩主要分以健身为主要目的的混元桩（也叫养生桩）和以练功力为主要目的的争力桩。在此主要介绍混元桩。

在练桩功之前，在认识上首先要清除“法轮功”对传统功法的破坏与干扰。李洪志从儒、道、释和武术的传统功法中偷来一些功法拼凑起来冠以其“法轮功”之名。我们批判和取缔“法轮功”，主要是因为他一搞迷信，神化李洪志个人；二搞政治反动，利用“法轮功”迷惑群众反对共产党领导，反对社会主义，并沦为外国反华势力的工具。我们批判“法轮功”必须把“法轮功”和传统功法区别开来，划清界限，批判“法轮功”

不能把传统功法也否定了。当然，传统功法中有精华也有糟粕，我们应该继承和发扬其精华，扬弃其糟粕，并使其现代化科学化，让它继续更好地为人民群众的身体健康服务。

站混元桩的关键是“入静”，就是使人返回到混混沌沌、似有似无的原始太极状态，发挥人体固有的自我调节功能，激发人体的潜能。按现代生理学的讲法就是通过入静，促使副交感神经亢奋，发挥其调节人体内分泌的作用。2009 年 6 月 14 日《参考消息》第 7 版“冥想渐被美国医学界认可”的报道，转载《今日美国报》6 日的文章“凝神冥想得到医学界认可”，该文指出“研究表明，冥想能缓解疼痛，集中注意力，增强免疫力，降低血压，抑制焦虑，改善失眠症状，甚至还可能有助于防止抑郁。利用像脑部扫描仪这样的新型研究工具，可以看出冥想也许具有多重效果”。我们祖先实践了几千年的功法，正在逐渐被世人用现代科学手段证明是科学有效的。

混元桩的操作要领：

1. 两脚与肩同宽，脚尖朝前（尽量避免八字脚）。两手在胸前似抱个圆气球。

2. 虚灵顶劲，头正身直，颈部放松，百会穴上领，下颌微收，舌抵上颌。

3. 沉肩坠肘，含胸拔背，松腰敛臀。命门向后鼓，拉直脊柱，全身放松。

4. 心静体松，意守丹田。

5. 逆腹式呼吸。吸气时意念想着气贴背，小腹内收；呼气时气沉丹田，小腹外鼓。逐步做到呼吸深、长、细、匀。

在此，有几个问题需要说明：

（1）为什么要舌抵上颌？一是有利于增加唾液（口水）分泌。站桩时分泌的唾液经测试血清球蛋白含量增多，具有较强的免疫作用，古称“津液”，应吞下。二是督脉从尾闾经命门、百会至上颌的龈交，任脉从下颌的承浆经膻中、关元下到会阴，上下颌之间存在个缺口，就像电开关一样，舌抵上颌，就接通了任督二脉，形成了闭路，有利于打通小周天。

（2）为什么要松腰敛臀、命门（肚脐对应背部的位置）向后鼓？人体的脊柱一般是S形（图2-14），练拳要松腰敛臀，命门向后鼓，就是将脊柱拉直，使内气比较顺畅地通过命门，同时使

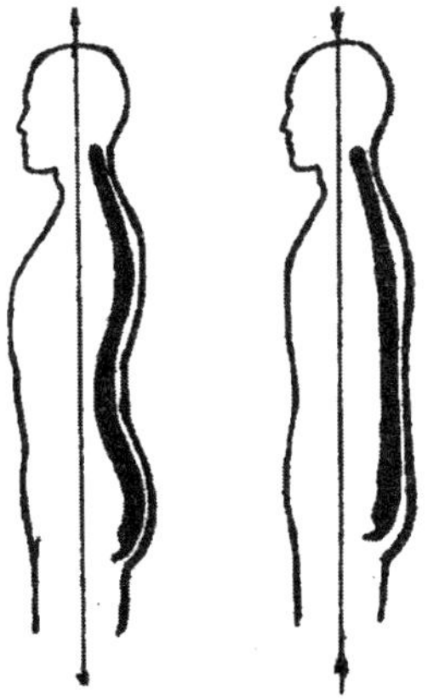

图2-14

全身重心垂直向下，有利于保持身体的中正垂直。另外，敛臀带动提肛，对男士前列腺有运动保养作用。

（3）混元桩实际上是筑基功。杨澄甫告诉李雅轩，古人练拳分四步工夫，第一步练体以固精，第二步练精以化气，第三步练气以化神，第四步练神以还虚。其中练精化气、练气化神、练神还虚的说法是五代宋初道士陈抟对丹道学的要求，是很深奥的修行功夫，一般人不容易做到。我们练的混元桩其实是第一步练体以固精，道家称为筑基功，就是打基础的基本功。胡孚琛（全国老子道学文化研究会会长）著的《丹道仙术入门》讲："内丹筑基阶段，主要是补足人体生理机能的亏损，同时初步打通任督和三关的径路，直至气通、热通、全身通，为练丹运药作准备。实际上，在没有达到精满、气足、神旺的条件之前，一切为祛病、健身而采用的气功疗法，都属于筑基入门功夫。"

做到以上操作要领的前 4 点，就已经可以起到站桩调节神经系统，激发副交感神经亢奋的作用。其中的核心是"入静"。入静是指人在清醒条件下，将注意力集中到某一点上，使思维活动相对静止。混元桩要求意守丹田，就是把意念集中内视下丹田（脐下一寸三分处，实即小腹）。很多初学者反映守不住，因为人的思维是活的，意守一段时间以后，出现其他思维活动是很正常的现象，思想开小差了，把它拉回来继续意守就是了。

按我们的实践经验，初学者能有30%~40%时间做到意守丹田就已经很有成绩了。随着练习次数与时间增多，意守的时间就会逐步增长，站桩效果也会越来越好。

站桩后，一般的身体反应是，15分钟前两手发胀、发热，古称有了“气感”，实际上是血液微循环有所增强。据有关资料介绍，在肌肉1平方毫米的横切口上约有200多条毛细血管，一般人在静止状态下只有5条有血液通过，练太极拳时则约有200条毛细血管打开使用。由于促进了血液微循环，经常站桩的人，手掌皮肤细嫩，含血色，五六十岁人的指尖丰满膨胀似葡萄。15分钟后，开始有股热气从腹部沿督脉或背部往上涌，腹部发胀或发热，并开始发汗，这是副交感神经亢奋的征候，是调节身体机能，改善健康的重要时刻，应该坚持一段时间让它发挥作用。因此，站桩一般不应少于15分钟，最好能坚持半个小时以上。

（4）为什么要结合站桩练习逆腹式呼吸？其理由：一是人体结构决定了发力时呼气，因此武术各拳种（包括太极拳）都采用逆腹式呼吸，即吸气时小腹内收，呼气时小腹凸起。二是站桩的下一阶段“小周天”和“大周天”都采用逆腹式呼吸。三是逆腹式呼吸有助于做到气沉丹田（详述见第三部分）。《少林气功秘集》（释德虔、徐勤燕编著）介绍要练90天，我们的实践说明，练60天后即可养成习惯。练拳时无须思考，自然而然就是用的逆腹式呼吸。由于逆腹式呼吸加强了对内脏按摩，加大对副交感神经的刺激，因此站桩时加练逆腹式呼吸，健身效果更加显著。

（5）混元桩练习 60~90 天后，可练习“小周天”，即打通任督二脉。具体操作：吸气时，用意念引气从尾闾顺督脉上行，经命门、夹脊、大椎、百会至上颌的龈交穴，然后呼气，用意念引气从下颌的承浆顺任脉下行经膻中、气海、关元下至会阴。（图 2–15、图 2–16）

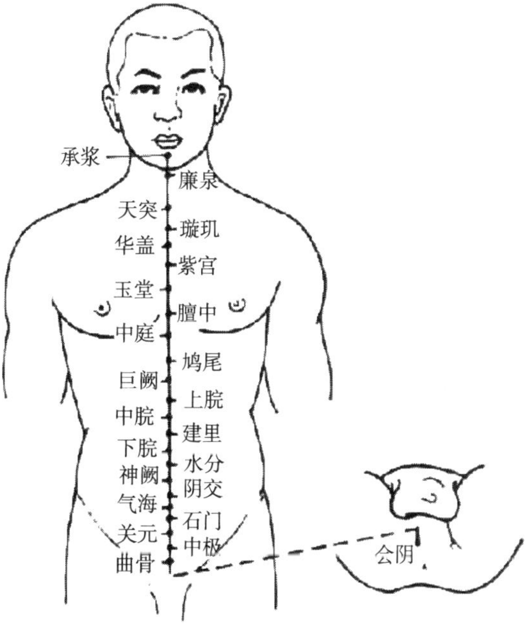

任脉

图 2–15

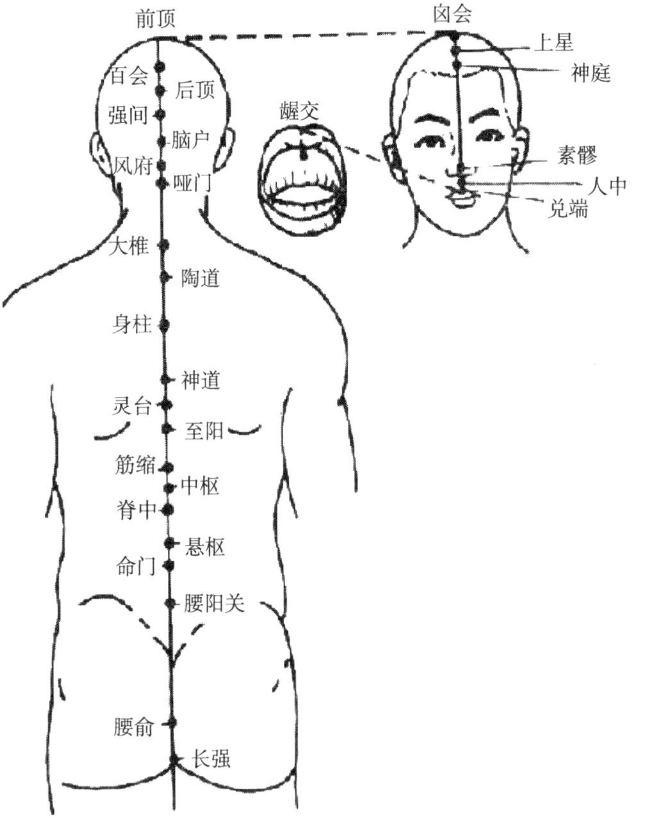

督脉

图 2–16

注：有些资料介绍，小周天重点在冲三关，即气冲命门，大椎和玉枕关，其中玉枕穴在经络上属于膀胱经，而督脉相应位置是哑门与风府穴。

按医经所载，任督二脉为干脉，督脉为所有阳脉的总督，任脉为所有阴脉的承任，为阴脉之海，居于其他各脉的主导地位。“人能通此二脉，则万脉皆通”。在练“小周天”60~90天后，即可练“大周天”。各门派对大周天的练法不尽相同，《少林气功秘集》要求：“气在意的指挥下，使气通过经络的十二条经脉，达到运气或用气的目的。”为了了解大周天十二条经络的运行路径，我在李德新主编的全国高等中医药院校教材《中医基础理论》的“十二经络流注次序表”的基础上，加注了练大周天的有关内容（图2-17），供大家参考。要注意行气时的呼吸，即手阴经由根梢至末梢为呼气，手阳经由末梢至根梢为吸气；足阳经由上至下为呼气，足阴经由下至上为吸气。

（6）有些初学者问，站桩时用口还是用鼻呼吸？从生理上讲，口或鼻呼吸的分别只牵涉口或鼻分别接通气管的一段通气道，对整个站桩应没有实质性的影响。只是需要注意的是，由于鼻腔内有鼻毛、黏液，空气通过时有过滤、加热、润湿的作用，吸气必须坚持用鼻子。特别是冬天空气较冷，如果用口吸气，冷空气直接进入气管，很容易得风寒疾病。至于呼气，孰用口鼻其实关系不大，只是发力时呼气紧促，有时还发声，因此多用口呼。

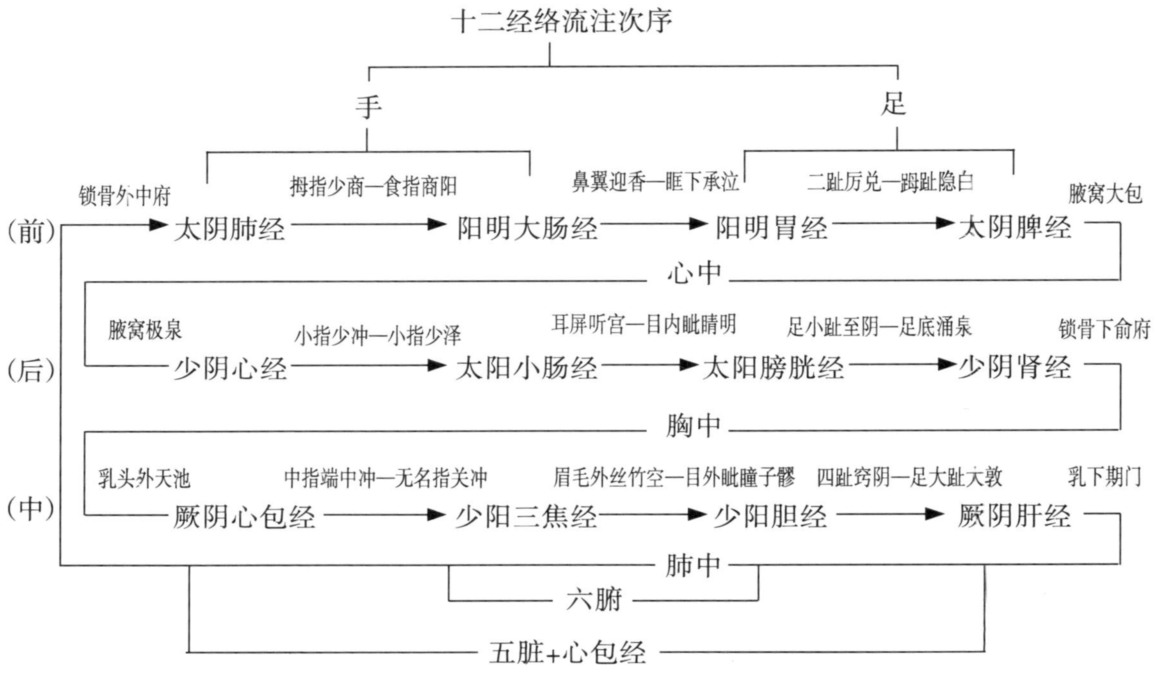
十二经络流注次序
手
足
拇指少商—食指商阳
鼻翼迎香—眶下承泣
二趾厉兑—踇趾隐白
锁骨外中府
腋窝大包
(前)
太阴肺经
阳明大肠经
阳明胃经
太阴脾经
心中
腋窝极泉
小指少冲—小指少泽
耳屏听宫—目内眦睛明
足小趾至阴—足底涌泉
锁骨下俞府
(后)
少阴心经
太阳小肠经
太阳膀胱经
少阴肾经
胸中
乳头外天池
中指端中冲—无名指关冲
眉毛外丝竹空—目外眦瞳子髎
四趾窍阴—足大趾大敦
乳下期门
(中)
厥阴心包经
少阳三焦经
少阳胆经
厥阴肝经
肺中
六腑
五脏+心包经

图 2-17

（7）站桩时呼吸是否越慢越好？太极拳对呼吸的要求是深、长、细、匀，其中重点是深与长。深就是深呼吸，长就是呼吸频率适当放慢，呼吸循环的时间拉长。因为人从鼻子到肺叶之间的气管在呼吸时是一段无效腔，吸气时的潮吸气量要扣减无效腔所占的体积才是吸入肺泡的空气量。据有关的测试，平常人呼吸频率为每分钟 16 次时，每次吸入的潮吸气量为 500 毫升，其中无效腔占了 150 毫升，吸入肺泡的空气量为 350 毫升，一分钟总吸入量为 5600 毫升。如果呼吸频率为每分钟 8 次，每次吸入量为 1000 毫升，扣除无效腔 150 毫升，每次吸入肺泡的空气量为 850 毫升，一分钟总吸入量为 8000 毫升。频率 8 次比 16 次的总吸入量每分钟多 2400 毫升，说明深而长的呼吸要比浅而短的效果好。同时很多老师在吸气末期再用力加吸一下，起到增加补吸气量的作用。由于人的肺泡体积是有限的，呼吸也不是越慢越好，应以吸足或呼够为宜，不要为了延长时间无谓的憋气。一般站桩呼吸频率在每分钟 4~8 次之间，应依各人身体条件呼吸自然通畅为度。

（8）要着重强调的是站桩之后要做好“收功”。因为通过站桩调动起“内气”之后，如果不通过“收功”把内气送回丹田，就会出现“岔气”现象（练习时憋气、努气也会出现岔气），即内气堵在某个部位，该部位就会疼痛。“收功”的动作：两手张开，向上合拢，把天地大气向百会穴下灌，然后两手随着向上丹田、中丹田下压、直至送到下丹田，如此往复3~5次。同时加练冯志强老师传授的“混元功”。自从强调“收功”和加练混元功后，会员们还没有发现“岔气”现象。

（三）混元功

冯志强老师在《心意混元太极拳讲义》中传授了“太极混元内功”共16项功法。学练以后很多人都反映效果很好，只是把16项全做完需要个把小时，时间较长。为适应大家站桩后短时间收功和练气，我们把其中的“三丹采气”和“降气洗脏”两项功法结合起来练习，既保持了原功法的效用，又便于大家习练。（图2–18）

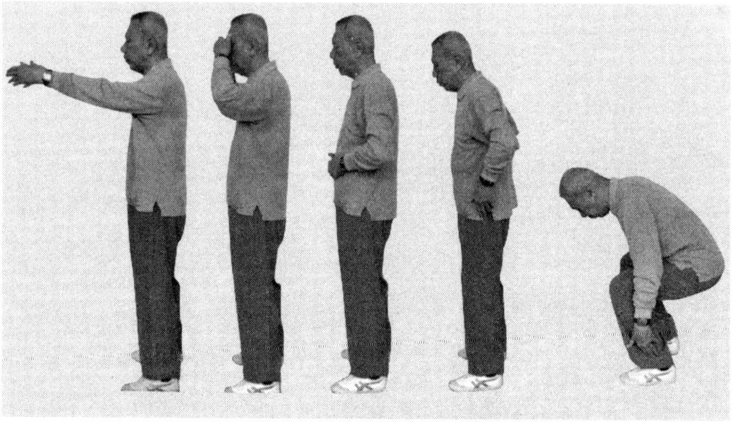

图 2–18

“三丹”指上、中、下丹田。丹田的位置，医家与道家有几种不同讲法。多数认为上丹田在两眉之间的印堂穴，中丹田在两乳之间的膻中穴，下丹田医家说在脐下一寸三分处，道家说在脐内一寸三。（图 2–19）

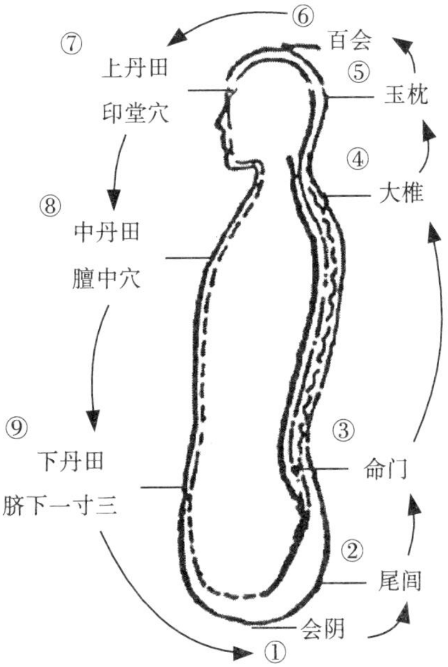

图 2–19

混元功动作要领：

1. 上丹采气、降气洗脏功

①两手缓缓自体侧分开，向前搂采，然后把气引向

上丹田（印堂穴），带动两手向里收到上额前。

②两手下按，将气输至中丹田（膻中穴），下至下丹田（脐下一寸三）。

③两手张开至胯部胆经环跳穴附近，将脏气沿胆经向下带动，经涌泉穴排出体外。

④两手沿腿部内侧将地气沿肝经上提至下丹田。

以上动作反复做 9~12 个循环。

2. 中丹采气、降气洗脏功

①两手缓缓自体侧分开，向前搂采，然后把气引向中丹田（膻中穴），带动两手向里收到胸前。

②两手下按，将气输至下丹田（脐下一寸三）。

③两手张开至胯部胆经环跳穴附近，用手顺腿部外侧将脏气沿胆经向下带动，经涌泉穴排出体外。

④两手沿腿部内侧将地气沿肝经上提至下丹田。

以上动作反复做 9~12 个循环。

3. 下丹采气、降气洗脏功

①两手缓缓自体侧分开，向前搂采，然后把气引向下丹田（脐下一寸三），带动两手向里收到腹部。

②两手捂住下丹田，蓄气。

③两手张开至胯部胆经环跳穴附近，用手顺腿部外侧将脏气沿胆经向下带动，经涌泉穴排出体外。

④两手沿腿部内侧将地气沿肝经上提至下丹田。

以上动作反复做 9~12 个循环。

要强调的两点是：一是所有动作要加注意念，比如采气归丹时是丹田吸气带动手收拢而不是手主动回收。二要配合逆腹式呼吸，张开手吸气，手合拢呼气；两手向上或向前搂抱时吸气，下按时呼气；沿胆经下行时呼气，沿肝经上行时吸气。

（四）健肾强身功

这是王胜华转传李忠良老师（九十余岁）传授的功法。其特点是健肾强腰，疏通任督二脉，促进胆经气血流通。

健肾强身功具体操作：

1. 两脚相隔 4~5 个脚长分开，脚尖朝前，开始动作时两腿半蹲，两手交叉于腹前。（图 2–20）

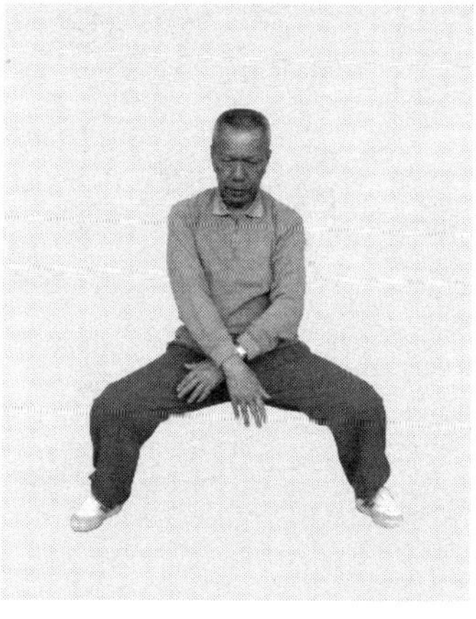

图 2–20

2. 然后两膝向前微移，小腹向前鼓，腰椎逐节向后仰，眼向前看两手，腰椎尽量向后仰接近水平后，

两手向上分开划弧，眼跟着看手。（图 2-21、图 2-22）

图 2-21

图 2-22

3. 至两手分开两侧后，眼看上方天空，然后直腰站立，两手放下，眼看前方。（图 2-23）

图 2-23

第 1 动至第 3 动如此往复 10~20 次。

练健肾强身功一般的反应是两腿发热发颤，增长功力。

（五）热身功

这个功法主要作用是拉筋，是在杨式太极拳热身功的基础上增加了一些动作而成。其基本的思路是拉筋，主要在颈、肩、腰、腿几个部位，也是一般人往往因为缺乏运动而容易患病的部位。共分 4 个环节：一是头颈运动，包括灵龟望月、左顾右盼、白鹤引项、侧看红莲。二是胸肩运动，包括寿星松肩、白猿揽月、大鹏展翅。三是腰腹运动，包括黄龙戏珠、丹田内转、风吹杨柳、蜻蜓点水。四是腿部运动，包括童子拜观音、倒拉神弓、波涛汹涌、金鸡独立。

热身功具体操作：

1. 灵龟望月，前后点头。（图 2-24、图 2-25）

2. 左顾右盼，左右摆头。（图 2-26、图 2-27）

图 2-24

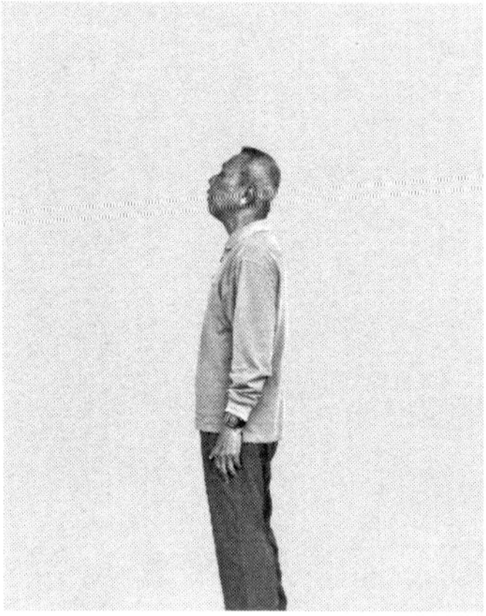

图 2–25

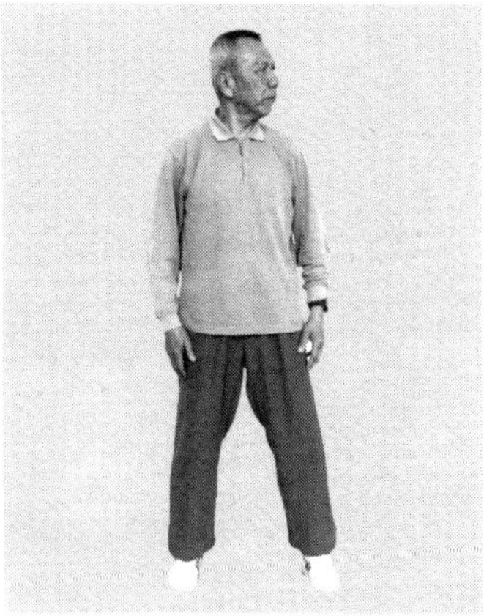

图 2–26

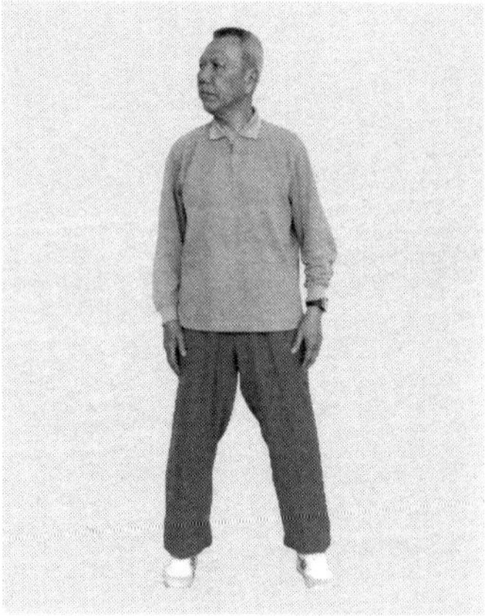

图 2–27

3. 白鹤引项，向前引项。（图 2-28—图 2-30）

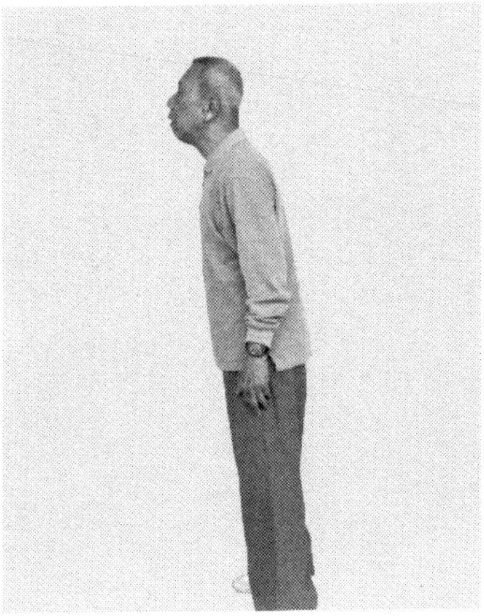

图 2-28

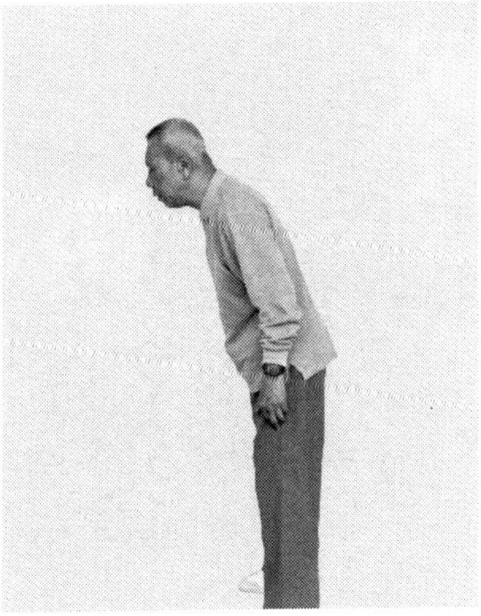

图 2-29

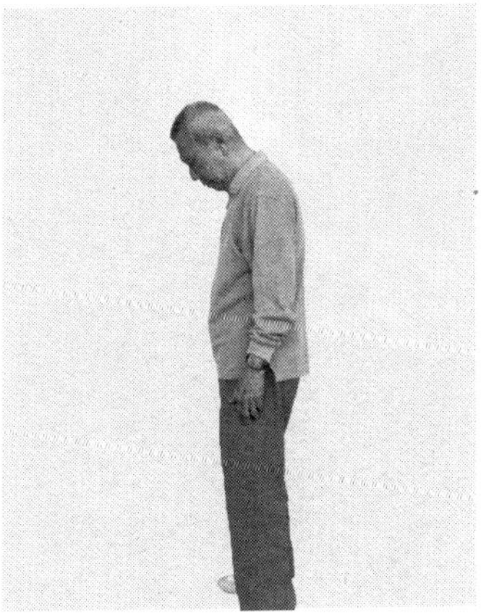

图 2-30

4. 侧看红莲，左右侧摆头。（图 2–31、图 2–32）

图 2–31

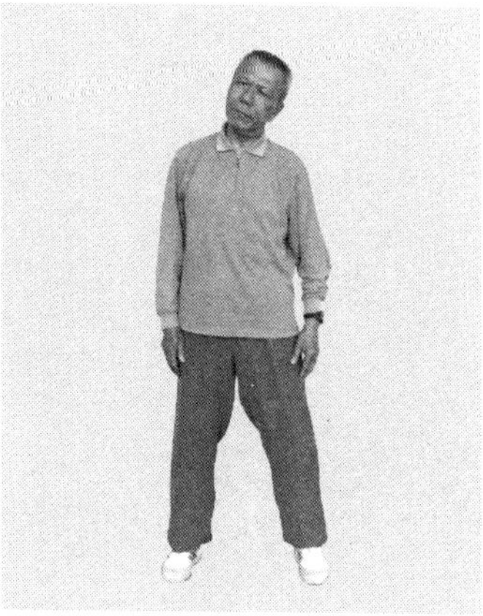

图 2–32

5. 寿星松肩，前后立圆松肩。（图 2–33、图 2–34）

图 2–33

图 2–34

6. 白猿揽月，上平圆扩胸。（图 2–35—图 2–37）

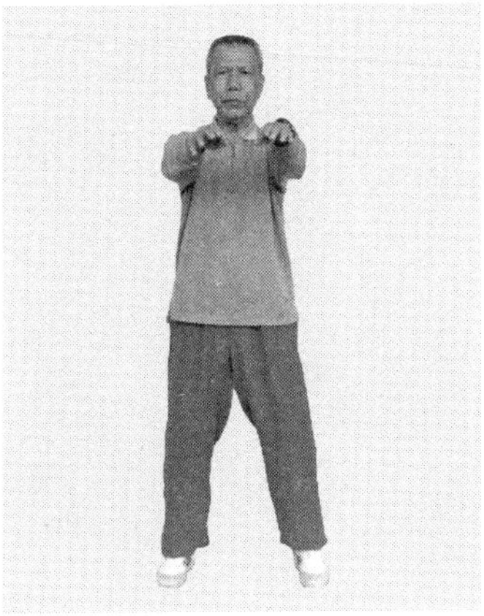

图 2–35

图 2–36

图 2–37

7. 大鹏展翅，下平圆松肩。（图 2-38—图 2-40）

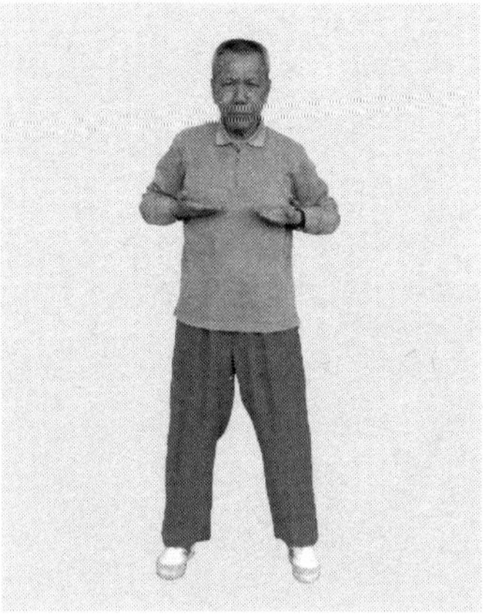

图 2-38

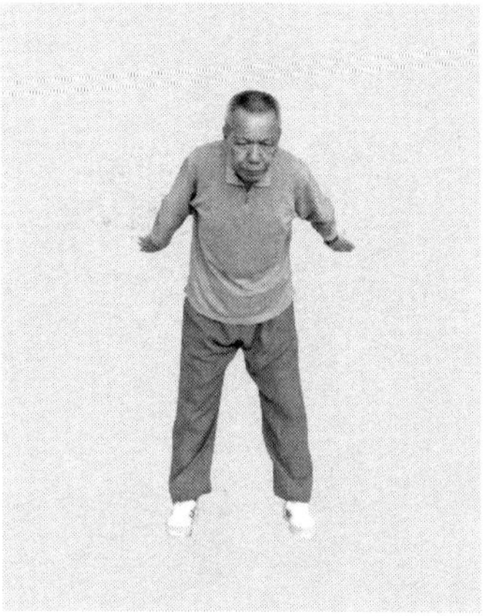

图 2-39

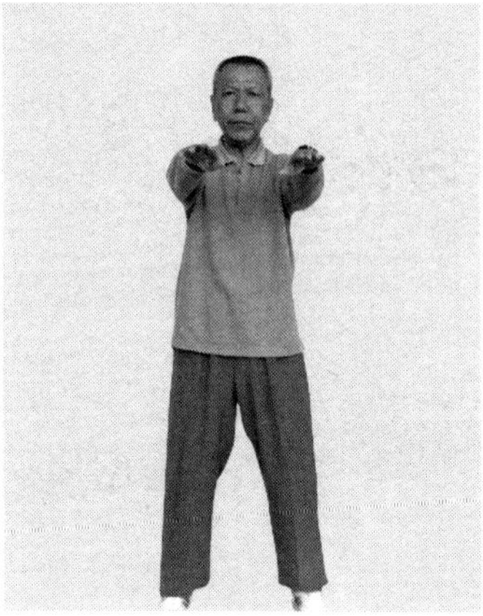

图 2-40

8. 黄龙戏珠，托球旋腰。（图 2-41—图 2-44）

图 2-41

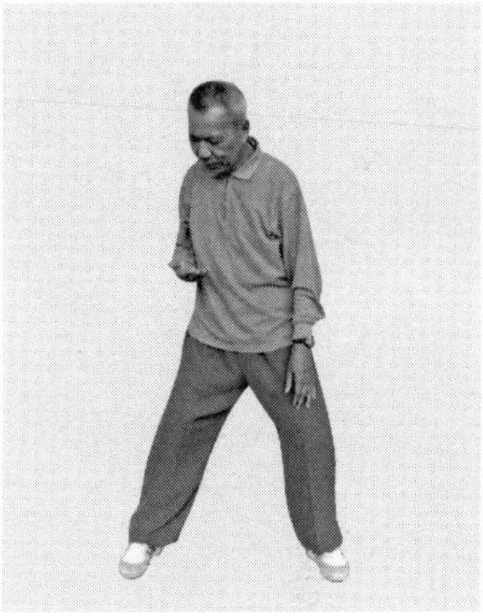

图 2-42

图 2-43

图 2-44

9. 丹田内转，揉腹。（图 2–45）

10. 风吹杨柳，左右摆手转腰。（图 2–46、图 2–47）

11. 蜻蜓点水，弯腰摸地。（图 2–48）（此动作有高血压者勿做）

图 2–45

图 2–46

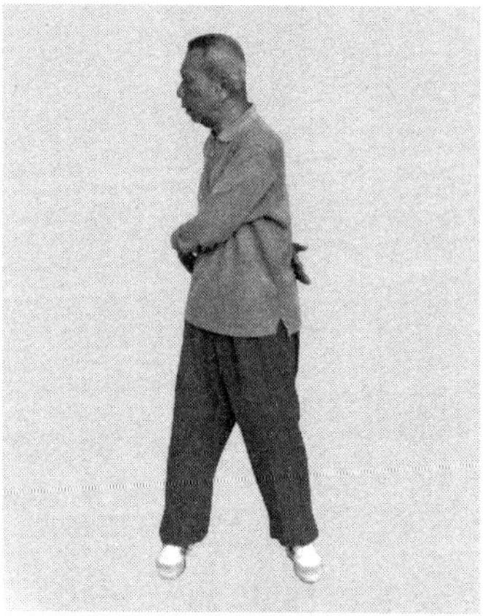

图 2–47

图 2–48

12. 童子拜观音，马步屈蹲。（图 2–49—图 2–51）

图 2–49

图 2–50

图 2–51

13. 倒拉神弓，左右撑腿。（图 2-52）

14. 波涛汹涌，摆手屈蹲。（图 2-53）

15. 金鸡独立，单脚站立。（图 2-54）

图 2-52

图 2-53

图 2-54

以上每个动作反复做10~20个循环，然后收功。收功后要做以下几个动作：

①干擦脸；②按摩眼眶；③按摩耳朵；

④直梳头；⑤横梳头；⑥前后甩手；

⑦右甩手；⑧左甩手；⑨后踢脚。

练热身功要注意掌握：一要动作到位，否则难以发挥作用；二要动作舒缓，不能急速；三要坚持一定的量，起码每个动作10循环，最好20个循环以上，有些动作如蜻蜓点水、波涛汹涌、金鸡独立还可以根据各人情况多做。

实践表明：这套热身功中的1~15个动作，对预防与辅助治疗颈椎与肩周炎等疾病有较好效果。

另外，此套热身功不是固定套路，平时练习可根据各人的身体状况酌情增减动作，突出重点，以达到“拉筋”目的为准则。

年轻人除了练热身功，还应加练仆步、压腿、劈叉，加大拉筋运动量。

以上基本功，我们也叫健身“五步法”。对于一般的上班族，时间较紧，没有时间练太极拳套路，每天早上如能坚持用30~40分钟练习这些基本功，对保持身体健康很有好处。作者在给学校老师上课时曾强调，教师每天要讲课，说话要“费气”，消耗很多能量，必须设法加以补充，就像用了电必须“充电”，因此建议要站桩练气。

基本功练好了，除了达到健身作用外，还为进一步练好太极拳套路，更好地发挥太极拳锻炼效应打好了基础。

近年来，我们办班第一课，在讲解基本理论认识后，即教以上功法，效果很好。有一位参加妇女干部学练拳班的学员反映，以往一直睡眠不好，上完第一课当晚就睡好了。由于见效快，增进了大家学练太极拳的吸引力、兴趣和信心。

三、练习太极拳套路应注意的问题

太极拳套路是太极拳先辈在基本功单练的基础上，将太极拳技击动作科学连贯起来，以便加强练习，养成习惯，形成条件反射，培养出太极功夫的平台，是在基本功单练基础上的综合练习，是全面锻炼太极拳功夫的主要形式。因此，练好太极拳套路是学练太极拳的最主要的内容。

经过几百年的发展，太极拳已经形成了各具特色的几个门派。大家公认的有陈、杨、吴、武、孙式太极拳，还有国家武术院新编的套路。其表现形式虽各有特点，但其本质是一致的，并不互相排斥，可根据各人的兴趣与爱好重点学练。

怎样练好太极拳套路，拳经和先辈有很多指引，应该仔细领会贯彻。其中最简明扼要的是陈发科的“内不动，外不发”“腰不动，手不发”和武禹襄的“以心行气”“以气运身”。这两句话简明地指出了太极拳的核心与关键，划清了太极拳与其他运动的根本区别，是检验与鉴别太极拳演练的根本性标准。

怎样做到“内不动，外不发”“腰不动，手不发”

和“以心行气”“以气运身”。建议大家注意以下几个问题：

（一）动作要规范

形神俱练，虽然重在“神”，但如果没有基本的“形”，“神”之安在？因此，不管是学国家新编套路还是传统套路？学拳的第一步都要老老实实，脚踏实地，一板一眼地依样画葫芦，把每招每式认真学好。世上事物都讲规矩，练拳更要讲求规范，按手、脚、身、眼“四法”，什么方向、角度、高度、位置都要心里明确，动作准确。太极拳的动作是连贯的，连绵不断，初学必须把它分解成若干片段，把分解动作做准确，然后再连贯起来。有些复杂一点的动作，手、脚还应分开来练，然后结合起来。否则，动作就不容易做到位，似是而非，养成坏习惯，改起来就很麻烦。还要强调的是，教拳第一步讲动作，除了外形的手、脚、身、眼“四法”，还要给大家讲清意念、劲力和呼吸，为“内动”与“腰动”打好基础。

除了上述方法，动作规范还应注意：

1. 立身要中正

陈发科被称为“牌位先生”，就是因为他打拳立身中正，不偏不依。立身中正，首先头要正，百会穴上领，就是拳经讲的虚领顶劲，用武冬老师的形象比喻就像体检时量身高。其次是身要正，上身垂直，松腰敛臀（图 3–1），有些人误解了含胸拔背，变成罗锅驼背，这是病。再次是重心垂直向下，要松胯，单脚支撑时，其重心就落在脚后跟上。做到上述要求，就会感到重心稳定，运转自如，做起其他动作就会得心应手。否则，“低头猫腰，修行不高”，就会影响整个练拳效果。

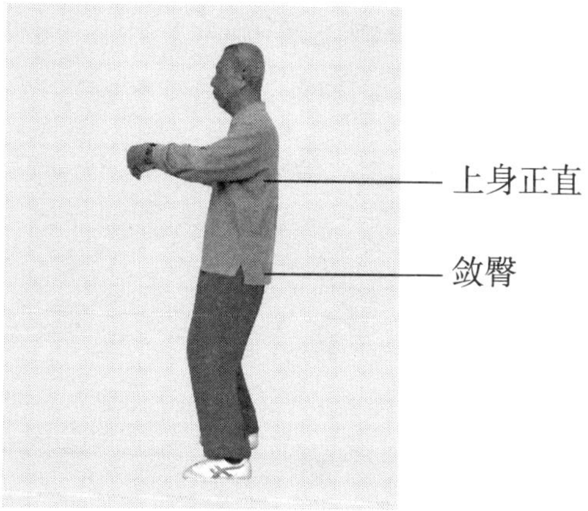

图 3–1

2. 符合生理要求，防止伤膝

太极拳演练是在半蹲状态下进行的，腿部的负荷很大，如果动作不规范，很容易造成损伤。据我们2007年对933人的调查，有26%的人在练拳后膝痛。膝痛的原因可能是多方面的，比如原有关节炎旧患、过去受过伤、锻炼时间过长、运动量过大、低架时膝部超过脚尖使膝部受力过大等，而最主要的是动作不规范，违反了生理要求造成的。膝是人体中构造最复杂的关节，它上是股骨，下是胫骨和腓骨，中间是髌骨，靠前交叉、后交叉和左右两侧韧带连接起来，为了减轻摩擦，在髌骨下垫了两块半月板（图3–2）。这种结构决定了它主要功能是承受前后弯曲的受力需要，也就是说腿部屈蹲受力时，脚尖、膝尖和臀部必须保持在脚尖方向的一个平面上（图3–3）。这时膝关节两边的韧带受力均等，屈蹲站立半个小时也没关系。由于有些初学者转身上步时，膝尖与脚尖不在一个方向，脚尖、膝尖、臀部三者形成之字形（图3–4），使膝关节的左右韧带一边受力大、一边受力小，受力过大的韧带往往被拉伤，一痛就是半年至一年。懂得这个道理，其实避免这种伤害也很

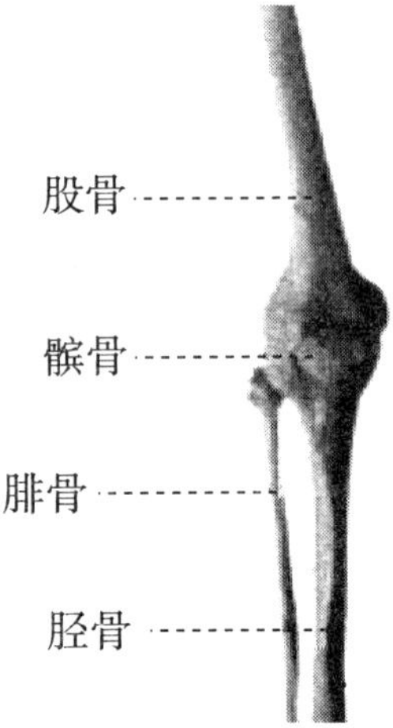

图3–2

容易。练拳时只要注意开胯，把膝尖调整到和脚尖、臀部三者在脚尖方向的一个平面上即可。这个问题，老师负有关键性的责任，一定要及时讲清道理，及时纠正动作。另外，有些人练拳时为了降低架子，膝尖前伸超过脚尖，使身体重量集中压在膝关节上，长期下去因膝关节负荷过重就会造成损伤，因此太极拳竞赛新规则规定膝尖超过脚尖要扣分。

臀、膝、脚在脚尖方向的一个平面上

图 3-3

膝部一边韧带受力，易拉伤

图 3-4

3. 要松腰敛臀

对敛臀问题，各门派要求不尽相同。鉴于其有一定的合理性，我们还是按杨式太极拳的要求来解读。上面基本功站桩条目中已讲明，敛臀的目的是让脊柱拉直，命门穴外鼓。其作用：一是拉直脊柱，使内气通过命门穴时比较顺畅。二是敛臀带动小腹内收蓄气，才能形成气沉丹田，这是技击蓄气的重要手段。三是敛臀之后，上身正直，重心垂直向下，重心稳定，这是太极拳身型的重要特点与要求。

（二）学会“用意”，做到心静体松

陈发科“内不动，外不发”的“内动”，我理解应包括“意动”与“气动”两个方面。和武禹襄《十三势行功要解》所说的“以心行气”“以气运身”是一个意思。其中“意动”就是拳经里讲的“用意”，杨澄甫强调打拳要“用意不用力”。

除了无意识的条件反射，人的所有动作都是在中枢神经的意念驱使下形成的，都必须“用意”。太极拳“用意”所不同的是：一要用意专一，把意念集中于一点打拳；二要重内不重外，求整体不求局部，在于运气不在注力；三其追求的终极目的是充分发挥人体的本能与潜能。用解守德老师的说法是要“建立一个新的条件反射系统”。正如老子说的“致虚极，守静笃”“清静，为天下正”。李亦畲《五字诀》讲的“心静、身灵、气敛、劲整、神聚”。

要做到“用意”，首先要心静体松。心静就是排除一切杂念的干扰，专心致志于“练气”，调动自己的生命能量；体松是每个关节、每块肌肉都放松，使之不存在任何阻滞作用。李雅轩说：“我练功的方向，是找大松大软，是找虚无的气势，是找神明的感应，是找莫测的变化，不停留于筋骨肌肉的初步锻炼过程中。”（《杨式太极拳诠真》）

心静体松在健身方面，以上站桩已指出可以使副交感神经亢奋，调节神经系统，以便充分发挥人体固有的自我调节与修复作用，发挥人的潜能。在技击上，一方面可提高身体的灵敏度，大家都会有体验，在站桩入静时，身体触觉特别灵敏，真有“一羽不能加，蝇虫不能落”的感觉。另一方面是使力的传递过程减少局部肌肉紧张造成的阻滞作用。再一方面，只有心静体松，大松大柔，才能激发人体的潜能，练成太极功力。太极拳的松柔与坚刚是一对矛盾，松柔不是目的，而是要通过松柔的训练达到坚刚。太极拳强调刚柔相济，正如武禹襄在《太极拳解》中说："极柔软，然后能极坚刚。"有的人练拳时动作"僵硬"，发不出劲，就是因为没有放松，局部肌肉紧张所致。李雅轩说："练太极拳的功夫，最重要的一件事，就是先要内心放松，身势就会自然的随着内心的思想而全部放松。到了心身俱松之后，所有一切的动作也就无往而不利。"（《杨式太极拳诠真》）

有些人有个误解，以为练拳要有掤劲，不能松柔，把松柔与掤劲对立起来。其实，掤劲不是任何时候都要"抗拒"对方的来力，而是在松柔的状态下，保持灵敏的"听劲"，对方来力了，自然产生掤劲应对。如果不放松，"听劲"就会丢失，就会被人所制。

（三）改变用力习惯，形成内力与"整劲"

"内不动，外不发""腰不动，手不发"指明太极拳运劲是以内带外、以腰催手，和我们日常生活中的用力习惯是截然不同的。人自出生以后，随着生活活动的需要，逐步养成了按需要启用局部器官能量的习惯。比如拿一支笔，只需动用手指的肌肉力量；拿一本书，除了手指，还要动用手腕和前臂的肌肉力量。这种只动用局部肌肉力量的用力习惯，在练拳中就造成了我们平常所说的"拙力"现象。又如冲拳时，只用肩、臂的力量，虽然表面上用尽了力量，其实力度有限。而太极拳的运劲，是“以心行气”“以气运身”，不论力所作用的对象的大小，在中枢神经意念（心意）的指引下，使神经元的突触分泌相应的激素和产生电位差，通过体内的生理作用，产生一定的能量，并使之蓄积到丹田（即拳经中的“蓄劲”），然后按照“其根在脚，发于腿，主宰于腰，形于手指”（武禹襄《十三势说略》），把所有脚、腿、腰、手的神经与肌肉连成一串，将身体的能量在瞬时形成整体力量运送出去。这就是拳经所说的“整劲”。这种劲体现了以内力催动外部肢体运动的作用，故称“内力”，其所形成的功能与功力称为“内功”。

上述运劲模式在外部的表现，日常生活习惯用力是从肢体的梢节向根节发展（即从手指向手臂再到肩），而练拳时力的传递是由根节向梢节催动（实际上是能量从丹田、经腰的主宰传到肩，再传到手）。倪增照老师曾做过示范，平常拿个茶杯只用手臂动作，肩以上全然不动，而用太极劲则是全身的“整劲”，形象地说明了太极拳运劲的特点。正是这种由内而外的运劲，才能在练拳中体现出拳经所要求的“迈步如猫行，运劲如抽丝”的韵味和境界，做到“勿使有缺陷处，勿使有凹凸处，勿使有断续处”（武禹襄《十三势说略》）。

以上说的是运劲本身的整体性，作为练拳时的全身配合，还要强调“上下相随，内外相合”，才能真正形成“整劲”。

（四）充分发挥腰的主宰作用

武禹襄说的“其根在脚，发于腿，主宰于腰，形于手指”，指明了太极拳力的传递路线，其中特别强调了腰的主宰作用。所谓主宰作用，应该包含几个含义：即对力的承上启下的传导作用；腰本身对力的增量作用；控制力的方向的导向作用。其实人平时用力都很自然在运用腰的主宰，农民锄地、工人抡锤都在用腰。陈发科强调“腰不动，手不发”，更形象地阐明了腰与手的关系，是腰带手而不是手带腰，腰是主动，手是被动。我在讲课时曾举例，有些学员学拳后松柔地做手部划圆动作，但只是手动，身子全不动，我就指出这只是做手部体操，不是太极拳。太极拳必须是以腰催动手划圈，这就形象地说明了两者的区别。所以王宗岳《十三势歌》：“十三总势莫轻视，命意源头在腰隙；刻刻留心在腰间，腹内松静气腾然。”

腰为主宰，说易做难。从我们协会的情况看，很多人拳打不好，不会发力，关键就在不会用腰。

为了用好腰，我们的做法是首先练好“坐式腰功”，把腰练松练活。其次在教拳时强调处理好腰与胯的关系。过去有人对“外三合”要领的理解过于绝对化，以为肩与胯任何时候都要完全对应，练拳时腰胯形成“铁板一块”，转动时是整个身子一起转，完全没有发挥腰的作用。因此，我们强调腰胯同轴，但其转动角度依不同的用力而异，一般情况是腰转的角度大，胯转的角度小。练杨式云手动作时，为了让大家体验怎么用腰，就让大家坐在凳子上，以腰带手，边转腰边云手。初学者学掩手肱捶不易练好，劲发不出。除了要讲清松紧、阴阳、虚实、前后对拉等关系要领外，还要强调先把腰练活，按照陈瑜老师的示范，全身放松，向左（或右）肘击，使腰自然弹抖起来。把腰弹抖解决了，其他发劲的弹抖就迎刃而解了。

（五）学会逆腹式呼吸，气沉丹田

王宗岳《太极拳论》强调要“虚领顶劲，气沉丹田”。《十三势歌》要求“腹内松静气腾然”。

丹田一词，来源于道家，说法有多种，一般认为“丹田乃结丹之所”，是培养真气，凝聚真气成高能物质之地。明代医家龚居中云：“夫修身之士，不识丹田所在，咸指脐下一寸三分而言，此气廪之源。”其实，丹田不是某一点，而是一个区域，实际就是小腹。现代医学证实腹部集中了很多神经，对人体功能影响很大，被称为“第二大脑”。冯志强老师《陈式太极拳入门》就强调要“拿住丹田练内功”。

气沉丹田就是要虚心实腹、上虚下实。具体操作就要采用逆腹式呼吸，呼气时将真气引沉到下丹田。

太极拳演练要配合呼吸，但在实际教学中很多老师不教。我曾请教过好几位有名望的老师，归纳起来原因有三：一是初学不应分心，二是练不好容易出岔，三是各有门规限制。我们的做法是提倡结合混元桩练习逆腹式呼吸（吸气时，横膈肌下引，小腹内收；呼气时横膈肌上行，小腹凸出），一般经过60天左右，就会形成习惯，练拳时再无须思考怎么呼吸，自然而然配合拳势用的就是逆腹式呼吸。

练会呼吸之后，就要注意在套路演练中把呼吸与拳势动作相结合。初学时不必追求每个动作都配合呼吸，只要在定势时“气沉丹田”（呼气，小腹鼓起）。练得多了，中间过程的拳势与呼吸的配合就会自然而然形成，不必过于执着。

以上所说的几个问题是互相联系的一个整体，只是为了分析方便才把它分开来说明，其实在每一招的动作中都贯穿与融合着这些问题，必须融会贯通综合运用，才能真正做到“内不动，外不发”“腰不动，手不发”“以心行气，以气运身”，并且符合武术的“六合”要求（所谓“六合”，就是“内三合”，心与意合，意与气合，气与力合；“外三合”，肩与胯合，肘与膝合，手与脚合）。

在杂志上曾见过有关太极“力”和“劲”的争论，这个问题光在字面上讨论是不容易说清的，应该从实质上去看。太极的“力”或“劲”的特点是：①它不是局部的“拙力”，而是全身的“整劲”。②它不是仅仅从外部肢体肌肉发出的“外力”，而是在意念指引下，丹田内气由内向外拼发出的“内力”。很多人从物理的力学角度分析太极拳“用力”的合理性，这是必要的，对我们理解太极“用力”有帮助，但是还不够，因为太极劲还有生物化学反应的一面。太极拳的内劲，是在意念的指引下，通过神经元的突触产生激素分泌和电位差，促使身体产生一定的生理反应，并且经过长期的修炼，形成反射，加上配合外在的用力动作而产生出来的。因此，必须从物理和生物化学两个方面的分析才能说清楚其实质（用生物化学来分析太极拳的机理是实现太极拳现代科学化的重要课题，切盼有条件的同仁共同努力）。我协会有个会员过去学过搏击，再学太极拳之后，发觉打出的力多了一股钻劲，不仅伤及对方外表，而且会伤及内里。从这个意义上讲，在同等的身体条件下，西方为了提高运动绩效，有的人采用的是服用兴奋剂，而中华武术则是通过苦练“内功”，激发潜能。

四、学点推手

推手是两个人搭手进行攻防练习的一种训练方法，是学练太极拳技击功夫的主要手段。古时有个说法，盘架子（即练习套路）是知己功夫，推手是知彼功夫。一般在学习拳架（套路）比较熟练的基础上，才开始进行推手训练。

推手训练要贯彻太极拳的战术原则：舍己从人，引进落空，借力打力，四两拨千斤，以柔克刚，后发制人。这些原则在融会贯通之后，不但有利于练拳与技击，而且还可以加强人的素养，指导待人处事。有的拳友反映他们单位的领导学练太极拳后很有收获，在工作中处理很多事都体现了太极拳的思想与原则。

推手训练的主要技术要领是：粘连黏随，不丢不顶。首先要练好“听劲”，这个“听劲”不用耳朵，而是以身体的触觉感受对方力的来路、轻重、手法、意图，并逐步过渡到“懂劲”，然后学习化解对方来劲的“化劲”，进而利用对方的“破绽”“发劲”，把对方发放出去。这是一个必须用身体接触触摸练习的漫长过程，就像学游泳一样，不管在岸上把要领背得滚瓜烂熟，不亲自下水去游是无法真正学会的。我们提倡依各门派的推手训练格式按部就班逐层进行训练。一般基础训练都是从单手平圆、单手立圆、双手平圆、双手立圆，定步四正手、活步四正手，大捋、乱环等步骤（有专门教材，不赘述），在练习中要认真体验掤、捋、挤、按、采、挒、肘、靠等各种劲力的用法。在基础练习比较熟练之后，再由老师喂劲、试力，并进行单操发放练习。

推手的直接作用，一是检验套路练习中动作是否正确，二是促进健身与技击技艺提高。因为平时套路练习是自己主观做动作，到位与否，效果如何难以评判，推手则是对方用攻击逼着你做应对动作，因此其效果就比套路练习更明显。

推手的开展要造成氛围，形成风气。要提倡大家除了套路练习，一有机会就相互之间搭手练习，我们主张广泛开展四正推手等基础练习。

推手是两人之间的试力，是检验双方功力、技巧和应变能力的平台，不管主观想法如何，客观上总会分出胜负。因此，必须正确处理以下几个关系：①必须明确推手双方是互相切磋拳艺的朋友，不是争胜的对手，要互相学习，互相照顾，不能为了争胜而不择手段无所不用其极。②即使是比赛，必须分出胜负，也不应把胜负看得过重，要以技服人，而不能不惜犯规伤害对方。③胜负是对推手技击的检验，世上没有绝对的常胜将军，负了更有助于发现自身技艺的缺陷，是进步的台阶，不应和自尊心挂钩。我们常见有些推手朋友，攻防到位后一方失势了，双方随即会意，相对一笑，然后继续切磋，这就是正常的推手氛围。

杨澄甫曾说：“纯粹太极，其臂如绵里裹铁，柔软沉重，推手之时，可以分辨。其拿人之时，手极轻而人不能过，其放人之时，如脱弹丸，迅疾干脆，毫不费力，被跌出者但觉一动，并不觉痛，已跌出丈外矣。粘人之时，并不抓擒，轻轻粘住，即如胶而不能脱，使人双臂酸麻不可耐，此乃真太极也。”（陈微明《太极拳术》）杨式太极推手要求对方攻我时找不到着力点，对方被攻时不知如何被发放出去，即“化劲令人不知，发劲使人莫测”。2006 年上海倪增照老师来珠海，我协会一位学拳二十多年从未被人打倒过的三十多岁体重 180 斤的青年，刚一接手就被发放出去，据说被放时脑子一片空白而不受伤，如此一连发放 4 次，旁边观看的人也看不清是怎么被放的。这次经历，让我们真实地体验到太极推手的发放功夫，印证了杨澄甫的以上论述。这就是我们学习推手应追求的境界。

五、从“太极操”到“太极拳”

我协会在组织推广太极拳的活动中，有些人批评我们练的是“太极操”。几年来，我们通过学习、研究与摸索，围绕如何缩短从“太极操”到“太极拳”的转化过程采取了一系列措施和方法，收到了较好的效果。现将这些措施和做法整理出来，可能对碰到同类问题的单位或个人有所启发和帮助。

珠海市是个新兴城市，有组织地推广太极拳活动的时间不长，但发展很快，经常坚持锻炼的已有几千人。在群众性的太极拳锻炼热潮中，普遍存在的一个问题是把“拳”练成“操”。对于这种初学阶段出现的现象，我们认为是正常的，任何事物都有个从浅到深、由粗到精的发展过程，问题的关键是如何缩短从“操”到“拳”的转化。

王宗岳在《太极拳论》中对练拳的阶段性发展有精辟的论述：“由着熟而渐悟懂劲，由懂劲而阶及神明。”这里所说的由“着熟”到“懂劲”，我们认为就是由“操”到“拳”的转化过程。懂劲包含识别外来的劲和练就自身的劲两个方面，平时盘架子就是为了锻炼自身的“太极劲”。近几年来，我们通过摸索，引导大家从以下几个环节去加强提高“太极劲”的锻炼，逐步改变“太极操”现象，收到了一定成效。

（一）落实太极拳的“用意”要领，做到“以心行气”

古拳论谓“意气君来骨肉臣”“先在心，后在身”，把“用意”摆在太极拳的统帅作用位置。“用意”我们理解就是心理学所讲的“注意”，是心理活动时对一定对象的指向与集中，从这个意义上说，任何运动都离不开“用意”。而太极拳讲“用意”有所不同。一是“用意”的强度与过程不一样。《十三势行功歌》讲“势势存心揆用意，刻刻留心在腰间”。一般运动只要求注意动作的某个阶段或某个部位，太极拳则要求“势势存心”“刻刻留心”，要求注意贯串始终。二是“用意”的内涵不同。其他运动主要强调注意动作的外形、运动轨迹与目的，太极拳除了要“形似”，更要“神似”，更加强调内部注意，尤其是每个动作“劲”的传输、“气”的运行。古拳论中要求“以心行气”“以气运身”，我们认为这两句话应是太极拳“用意”的核心，也是太极拳“用意”的最高境界与要求。比如杨式太极拳的搂膝拗步式，在定势最后向前按掌时，就要有一股

“气”从腰传到肩、臂、手到手指的意念。如果不是这样去“用意”，无论动作怎么规范，也只能是纯粹动手动脚的“操”。在这点上，太极拳与气功有相似之处，所以冯志强老师说：“太极拳是高级动功。”

（二）改变用力习惯，练出“整劲”

“太极劲”的外部表现为松沉、舒缓、弹抖、协调。初学太极拳普遍易犯的毛病是动作僵硬紧张，俗称“拙力”。这是因为从用力方式讲，一般人的用力习惯是由受力点逐步向根节诉求。比如拿一本书，首先是通过手指肌肉收缩去提拿，如拿不起，再加上腕肌肉的力量，再不够则加上臂力，如此类推，直到拿起书本为止。这种用力方式的特点，一是局部用力，一是僵硬紧张。太极拳则要求改变这种用力习惯，按《五字诀》的要求“劲整”，强调太极劲“其根在脚，发于腿，主宰于腰，形于手指，由脚而腿、而腰，总须完整一气”，即把由力点向根节诉求的用力习惯改变为从力源向力点逐节传输。以搂膝拗步为例，向前按掌的力点在手掌，而其力源在脚跟，力的传递是由力源的脚跟到腿、到腰、到肩、到臂再到手掌，形成一个完整的用力传导系统，构成全身用力的“整劲”。当然，这种用力方式的锻炼首先必须整个身体放松，放慢速度使劲力节节贯串，使之养成习惯。只要如此坚持锻炼，很快就会练成太极拳的粘沉劲。

还有一点要注意的是，太极拳的“整劲”一定要贯注“以气运身”的要求。虽然从现代解剖学的角度现阶段还难以解释古拳论中说的“气”，但在练拳实践中，“气”的反应是实实在在的。其反应就是行气部位的体温增高，生物电增强。因此，练习“整劲”必须在意念上“以气运身”，才能形成完整的“太极劲”。

（三）加强腰部练习，发挥腰的主宰作用

过去武术界有“八卦步，太极腰”的讲法。古拳论强调太极拳动作要“主宰于腰”，还说“十三总势莫轻视，命意源头在腰隙”“刻刻留心在腰间”，这些都说明腰在太极拳动作中的主宰作用。所以陈发科强调“腰不动，手不发”“内不动，外不发”。

为了把腰练活，我们向大家介绍了毛洪恩老师教的“坐式腰功”，即在盘坐中，通过左右前后平移腰脊，左右平圆、左右立圆、前后立圆旋转腰部，使腰部肌肉松活，为练拳使腰创造松腰的基础。

（四）学会拳势呼吸

太极拳是意识、呼吸与动作三者互相配合的运动。

古拳论要求“一举动，周身俱要轻灵，尤须贯串，气宜鼓荡，神宜内敛”“腹内松静气腾然”，以上说明呼吸的重要性。由于逆腹式呼吸加强了腹腔内的运动，其健身效果尤为突出。呼吸既然如此重要，又必须在练拳时不将注意力过多地转移到呼吸上来，这就要使逆腹式呼吸“自然化”，即养成逆腹式呼吸的习惯。为此，我们采取通过站桩来单练逆腹式呼吸，一般经过 2~3 个月的单练后，即可养成习惯，练拳时无需过多考虑呼吸即可以逆腹式呼吸配合动作，自然形成“拳势呼吸”。比如练陈式太极拳的单鞭，左手向左弧形掤开时吸气，形成“气贴背”，在左手掤到位后，转身塌掌，掌根下沉成定势时呼气，小腹鼓起，形成“气沉丹田”。事实说明，在单练逆腹式呼吸形成习惯后，在整个练拳过程中结合拳势配合呼吸，很快就能体验到内气鼓荡的感受。

以上所说的几个环节，是练拳过程中既互相联系又互相渗透的一个整体。有些动作可以独立单练，但最后在盘架子时还是要融合在一起。其实，过去很多民间老师也是这样做的，比如单练站桩、练缠丝功等，我们仅仅是结合大面积推广太极拳时出现的毛病，有针对性地采取一些练习措施而已。

（此文原刊于《中华武术》杂志 2004 年第 3 期 54 页）

六、太极拳“用意”的健身效应

现在多数人学练太极拳的目的是健身。在广泛推广太极拳活动中，如何更好地充分发挥太极拳的健身效应是大家普遍关心的问题。围绕这个问题，我们珠海市太极拳协会的同事们经过多年的实践，曾于2004年在《中华武术》发表的《从太极操到太极拳》一文中作过介绍，近年来，我们又作了进一步探索。

我们协会现有在册会员2000多人。从锻炼的健身效果看，大致有几类情况。①学会套路动作，按拳理拳法加以规范，除了教，更注意改。由于立身中正，动作舒缓，周身协调，发挥了有氧运动的作用，已具有比一般运动效果好的效果，但仍处于“操”的阶段。②学会“用腰”，按照“其根在脚，发于腿，主宰于腰”的要求，改变平时局部用力的习惯，处处以腰带手，确实体现“整劲”。由于“腰腹折叠”“丹田内转”，腰的活动带动了内脏的按摩，开始进入“内外兼修”的境界，健身效果明显加强。③学会呼吸，特别是通过单练逆腹式呼吸养成习惯，在练拳中自然地以逆腹式呼吸配合拳势动作，逐步体现“内气鼓荡”的作用，健身效果更加明显。④学会“用意”，逐步向“以心行气”“以气运身”的目标努力，开始积蓄“内劲”，进入到健身的高层次阶段。

以上“会动作”“用腰”“会呼吸”“用意”是紧密结合的整体，没有明显的区别，但对初学者仍有一个循序渐进、逐步提高的过程。2006 年我们在机关干部培训班的教学中，注意以上几点的结合，参加集训的一位市领导只经过 3 个月的学练，原有的“三高”（高胆固醇、高血脂、高血压）即恢复正常，使很多人感到惊讶。

从学练的角度看，学会动作、用腰、呼吸都属于肢体动作的范畴，只要教练得法，一般较易掌握。“用意”是意识活动，属精神性的东西，学练的难度相对较高。而相比而言，“用意”的健身效应最大，是练太极拳的特点与要点，是学练太极拳向高层次进展的必由之路。

为了引起大家对“用意”的重视，我们在教学中要着重强调“用意”的内涵与效应。

（一）太极拳“用意”的特点

“意”一般指的是意识、意念。“用意”就是把意念集中到某一点或事物上，心理学把这种现象叫作“注意”。其实，世上做任何事都要用意，只不过，太极拳的“用意”有其不同的特点而已。

特点之一是太极拳“用意”的前提条件是“心静体松”，即其“用意”是在“心静”的条件下进行的。心静就是三思无虑，无视无听。心静才能守神，才能专注。

特点之二是太极拳“用意”的基本方式是“内视”或“假想”。比如站桩时强调“意守丹田”,“内视”自身内气的运动，“内视”自身经络与官窍的活动与感觉；盘架时假想敌情，“拳打无人似有人”。

“用意”是意识活动，是精神性的虚的东西。生理学讲得很清楚，任何神经信号，都是通过神经元中的突触分泌一定的物质传递的，它说明任何神经活动，其实质都是物质运动，是实的东西。因此，太极拳的“用意”就是一种精神变物质的虚实运动。

（二）太极拳“用意”的效应之一

太极拳“用意”的效应之一，就是充分发挥自主神经的自我调节作用。我国的古老医学特别强调发挥人自身的自我调节作用，主张“不治已病治未病”“七分养三分治”。人体是个结构十分复杂的肌体，其本身有一套适应客观条件的调节系统。人除了统管全身的中枢神经外，还有一套在中枢神经统领下又相对独立的自主神经系统（也叫植物神经系统）。自主神经主要分交感神经与副交感神经两部分。交感神经主管应激反应，在人遇危急时及时做出相应对策。交感神经亢奋时，心率加快，血压增高，瞳孔放大，肾上腺素分泌增加。现代人生活紧张，精神压力大，使交感神经长期处于亢奋状态，很容易得高血压等疾病。副交感神经主管松静反应，当人心静体松时，副交感神经亢奋，就会出现心率放缓，血压降低，末梢血管舒松，调节内分泌等状态。所以说自主神经的调节作用更主要的是指要充分发挥副交感神经的调节作用，但是副交感神经是不能靠中枢神经指挥的，唯一的办法是给它创造一个让它亢奋的条件，这个条件就是“心静体松”。太极拳的“用意”，就是促使副交感神经亢奋的最好办法。很多血糖指数高的拳友在学练太极拳之后，多数人血糖指数有所下降，这就是太极拳具备健身、疗疾、养生功效的具体体现。

（三）太极拳“用意”的效应之二

太极拳“用意”的效应之二，就是促使真气旺盛与流通。“气”是中华民族传统文化中的一个有特色的概念。中医学认为“气”是生命的本原，是构成生命的基本物质，并认为“形以气充，神依气存，气纳则神存”

“盖气有不调之处，即病本所在之处也”“养生之道，以气为本”。太极拳的“用意”，就是在动作熟练（即着熟）的基础上，用意念引导真气循经运行，其作用：一是增加气的数量与强度，即所谓“中气足”“气色好”；二是促进气的流通，从而达到强身健体的目的。

由于中文的一字多义，练拳中往往容易把一些概念混淆，我们强调要分清几个不同的“气”的概念。

1. 气候的气

《黄帝内经》讲五天为一候，三候为一气，十五天为一个节气。

2. 生活中的空气

练拳时呼吸，空气从鼻子吸入，经气管进入肺叶，通过气血交换，由血液把空气中的氧输送到全身。我们说腹部凸凹运动，这时空气只被吸到肺中，并没有下到腹部。

3. 腹腔中的气

腹腔中除了内脏，其空间还有一定量的空气，平时其压强等于大气压。练拳时，由于动作和呼吸，通过腰肌和腹肌的伸张与收缩，使腹腔内的空气受到压缩或舒张，腔内的压强也随之变化，从而对腔内的脏腑起到按摩作用，同时激发腹部的副交感神经亢奋。

4. 真气或元气

这是练“气”的着眼点和落脚点。“以心行气”“以气运身”，就是通过练拳调动真气的作用。人体血液的流通是通过血管，真气的运行则通过经络。太极拳的“用意”，就是用意念引导真气循经运行。本来真气的运行是依一定规律自动运行的，太极拳的“用意”只是起到“强化”与“激化”的作用。

以上呼吸的气、腹腔内的气和真气是不同层次的不同概念，在练拳中既有区别又互相联系，必须紧密结合。比如陈式太极拳中懒扎衣的最后一动，右手向右掤拉时，肺部吸气，小腹微收，形成“气贴背”，真气由会阴沿督脉上升至百会；右手到位后，在腰的驱使下，手掌采、挤、捌，肺部呼气，小腹鼓起，真气沿经脉下沉至丹田，形成“气沉丹田”。正是练拳时通过类似的配合动作与呼吸，有意识地强化真气的运行，使内功获得长进，增强身体的功能。

（四）太极拳“用意”的效应之三

太极拳“用意”的效应之三，就是挖掘人的潜能。

我有个战友，过去在部队挖坑道，一次遇到塌方，在危急关头，他一下子穿过1.4米高的框架上的一个50厘米高的小洞逃出塌方区。过后他自己都难以想象怎能从这种地方逃出来，这就是人的条件反射，是不受意识支配的。练太极拳是要通过“用意”调动内气，培育内功，使潜能成为某种在意念驱使下的反射活动。按解守德老师的说法，就是要用太极拳特殊的心理思维方法，训练出新的条件反射系统。这是“用意”的最高境界，是向神经方向发展的途径。潜能的发掘在技击上表现为高超的功力，在健身上表现为健康的体魄。很多练拳的先辈能够无疾而终，应该和他们的高层次修炼分不开。

（此文原刊于《中华武术》杂志2007年第6期39页）

七、对太极拳“逆腹式呼吸”的浅见

《太极拳论》告诉我们，打拳要“虚领顶劲，气沉丹田”。古谱还告诉我们要“刻刻留心在腰间，腹内松静气腾然”“气宜鼓荡，神宜内敛”“以心行气”“以气运身”，说明“气”在太极拳中的重要性。虽然以上说的“气”不完全是呼吸的空气，但和呼吸却有紧密关系，因为“呼为开、为发，吸为合、为蓄”，呼吸是练“气”的重要手段。很多古书还介绍打太极拳时呼吸要深、长、细、匀，要用“腹式呼吸”，而且是“逆腹式呼吸”。我根据自己多年练拳的体会，特作浅见。

（一）什么是“逆腹式呼吸”

现代生理学把人体呼吸分为胸式与腹式两种方式。胸式呼吸是指由肋间肌舒缩使肋骨与胸骨运动，胸腔容积产生变化，带动其内压变化，从而使肺叶气泡吸入或呼出空气，其外在表现为胸部起伏运动。腹式呼吸则主要由横膈肌上下运动改变胸腔容积，其外在表现为腹部起伏运动。平常人的腹式呼吸为顺腹式呼吸，即吸气时横膈肌下移，小腹隆起；呼气时横膈肌上移，小腹内收。平时小孩睡觉，伴随着呼吸其小腹不断地起伏运动，就是典型的顺腹式呼吸。逆腹式呼吸和顺腹式呼吸相反，吸气时横膈肌下移，小腹不但不隆起反而内收；呼气时横膈肌上移，小腹不但不内收反而隆起。人体的生理结构造成人在发力时必须“鼓劲”，全身肌肉紧缩，腹肌隆起，伴之以呼气。太极拳和其他武术项目一样，发力时很自然用的都是逆腹式呼吸。为了充分发挥太极拳的技击与养生效应，我们平时锻炼基本功与盘架子都要有意识地练习逆腹式呼吸。吸气时小腹微收，命门穴微鼓，形成“气贴背”；呼气时小腹隆起，形成“气沉丹田”。

（二）太极拳“逆腹式呼吸”的养生作用

1. 增加吸氧量

胸式呼吸因为肋骨运动空间的局限，胸腔容积变化较小。据有关文献介绍，平时用胸式呼吸，约有三分之一肺叶没有发挥作用。即使两种呼吸方式兼用，安静条件下横膈肌一般只下移 1~2 厘米。太极拳要求呼吸深、长、细、匀，我们说太极拳“逆腹式呼吸”，实际上是

"逆腹式深呼吸"，其横膈肌下降一般有7~10厘米，肺叶气泡得到充分利用，吸氧量比安静条件下增加好几倍（当然这种效果是顺逆腹式深呼吸都能达到的）。氧是维持机体机能和产生运动能量的基本物质。正常人不吃东西可维持生命20~30天，不喝水可坚持5~7天，而缺氧10分钟大脑就要死亡。细菌和病毒都有厌氧特性，人体器官病变都和缺氧有关。练太极拳经常长时间的进行"逆腹式呼吸"，比平常人增多吸收了大量氧气，对身体健康当然大有裨益。平时很多人讲究"进补"，其实练拳增氧就是不花钱的大"进补"。

2. 腹腔内器官得到有效按摩

顺腹式呼吸的特点是呼吸过程中腹腔容积保持不变，因此腹腔内的压强也保持不变，除了增大吸氧量外对内脏器官起不到按摩运动作用。逆腹式呼吸则相反，吸气时横膈肌下降，小腹内收，腹腔容积缩小，腔内压强增大；呼气时横膈肌提升，小腹隆起，腹腔容积增大，腔内压强缩小。腹腔里的内脏器官在压强忽大忽小的作用下，经受着十分难得的全方位的按摩运动。生物界都有"用进废退"的进化规律，人们的内脏器官自离开母体出世后，一直分秒不停地工作运转，很容易出现疲劳衰退，引起病变。如今能够得到经常性的全面按摩保养，对其机能的保持与调节自是大有好处。当然，太极拳动作中的腰胸折叠也可以从外部通过肌肉运动的位移造成机械性的按摩，但比较由腹腔内压所造成的空气按摩，其作用应该是后者更加全面与显著。

3. 副交感神经亢奋和内气鼓荡

练拳实践证明，在心静体松条件下进行深、长、细、匀的逆腹式呼吸，大约 10 多分钟即可激起副交感神经亢奋（和医学文献所说的基本一致）。除了会产生副交感神经亢奋所带来的心率减缓、血压降低、末梢血管舒张、内分泌得以调节等生理现象外，还会出现腹部发热（有时甚至有发烧的感觉），有一股暖流顺着背脊（督脉）往上涌，上身开始出汗等现象，按中医和武术的说法是来了“气感”，促进了“内气”运动。这对人体各项机能的调节很有作用，应该是练太极拳可以改善很多慢性病病情的机理所在。

（三）太极拳“逆腹式呼吸”的技击作用

从运动力学的角度看，任何技击运动都讲究：①肌肉伸缩产生力的大小与速度。为了增大力量，必须尽可能增加肌肉纤维的发展，增大肌肉的横断面，以求“有力打无力”。②力传递过程的协调性与一致性。避免从力源到目标中途出现阻滞，就是要“整劲”。③用力的合理性。讲究技巧，追求“巧劲”。在以上第①点中，在同一体力（肌肉断面）的条件下，是否还有办法增强发力的效果呢？答案是肯定的，就是除了发挥肌肉的物理效应外，还应追求肌肉的生化效应，就是平时讲的“潜能”。为了发挥肌肉的生化效应，西方的办法是通过药物，让运动员服用类固醇之类的兴奋剂，使同一人在原有条件下爆发出更大的能量。按中国武术的传统办法则是通过练“气”，增强“内功”。

对于中医和武术界讲的“气”，过去很多人不理解。其实，中医与武术几千年的实践和近几十年的科学实验证明，“气”是确实存在的，只是对“气”的实质的认识还在继续探索中。什么是“气”？有的认为是神经，有的说是生物电，有的说是“共振”，有的说是人体内的一种特殊功能系统，暂时还没有定论，但有一点是肯定的，“气”是一种物质，是一种能量。“气”和血一样，其流通运动有其自身的规律，不管人是否意识到它的存在，它每时每刻都在按自身规律运行，但是当人们认识到它的存在及其运动规律后，又可以采取一定的措施能动地推动或迟滞它的运行。太极拳的练“气”活动就是为了激发“气”的效应，增进人的功力。

太极拳练“气”与内功的方法很多，站桩、盘架子、推手等都是很好的练功法。冯志强老师抓住要点，概括为“拿住丹田练内功”。丹田的位置有多种说法，明朝龚居中说的是：“夫修身之士，不识丹田所在，咸指脐下一寸三分而言，此为气廪之源。”以现代解剖学看，丹田并不是内脏器官，而是上腹部的一个区域，其内主要是大小肠，其上有任脉的气海、关元等穴位，是逆腹式呼吸时起伏运动的部位。古人很看重丹田的作用，这是长期实践经验的总结，但其机理现代科学还没有作出合理的解释。是否可以这样解释：人体全身的穴位，基本上都要靠外力刺激（比如针灸、按压、击打）才能激活，唯有腹部丹田的气海、关元等穴，可以通过自身在意念指引下的逆腹式呼吸运动促使其机能活跃起来。练丹田“气”，就是通过腹部自身的运动激发腹部穴位与腹内器官的功能，并以此带动全身，所以丹田叫“气廪之源”。

人体是个生物电场，所以可以测出心电图、脑电图，可以用仪器看到人的红外图像。人体安静时处于阴阳平衡、正负电子正常运转状态。在意念引导和运动刺激下，其电场产生电位差，正负电离子加速运转，从而增强生物电能量，增进人体器官与肌肉的功能。站桩与练拳中产生的胀、热感觉，实际上就是生物电活跃的体现。经过长期的练“气”、练功、练拳的积累，使之逐步养成习惯，形成条件反射，技击时就能迅速地把平时积蓄的生物电能发放出来。这也就是上面说的肌肉的生化效应。

（四）怎么练习“逆腹式呼吸”

逆腹式呼吸既然对养生与增进内功作用很大，为什么平时很多老师不教?为此，我曾请教过几位全国著名的老师。答复是：初学拳应把注意力放在拳架动作上，过早讲呼吸会干扰其正确用意；练呼吸容易“出岔”。因此，强调练拳时采用“自然呼吸”，经过一段时间练拳，自然会“悟”出来。暂不教呼吸的第一个理由是对的，练拳用意必须关注在拳架动作上，要把注意力放在敌情和动作的技击含意上，正如《拳论》中的“全身意在神，不在气，在气则滞”。但是不关注呼吸不等于可以不练呼吸，因为靠“悟”，有的人两三年就可以悟出来，有的人可能要十年八年，也可能有的人一辈子也悟不出来。而且“自然呼吸”本身是没有确定含意的，它既可以是胸式呼吸，也可以是顺腹式呼吸，还可以是逆腹式呼吸。我的学拳经历是，在套路比较熟练后，老师就教我在站桩中练习逆腹式呼吸，两个多月后形成了习惯，再盘架子时不需想呼吸，自然而然伴随着拳架动作就用上了逆腹式呼吸。最近我看少林气功对呼吸训练的介绍，我的练法是符合少林气功要求的。至于怕“出岔”，这是应该重视的，但是不能因噎废食，主要是练呼吸时要防止憋气、努气，关键还是要放松。

应该说明一点，练”气”关键在“用意”，至于是否配合呼吸，现有多种说法和做法，我只是通过自己的实践，领会到还是加上逆腹式呼吸效果更好。

太极拳长辈给我们留下了十分宝贵的文化遗产，学练太极拳一定要遵循古谱，在老师言传身教下认真揣摩领会才能学会。历史给我们提供了现代科学，为我们更深入地理解太极拳的精神实质创造了很好条件。在学拳中尽量用现代科学来回答“为什么这样做”“这样做会产生什么结果”等问题就成为领会古谱内涵的重要方法。我真希望有条件的专家、学者与武术工作者，趁一些老拳师还健在，赶紧用现代科学方法测试他们在练功状态下的各种生物、物理、化学反应，解开许多太极拳的奥妙，这对继承与发展太极拳是很有意义的。

（此文原刊于《中华武术》杂志 2008 年第 5 期 42、43 页）

附 录

一、珠海市学练太极拳调查问卷汇总

珠海市是新兴的特区城市，有组织地推广太极拳起步较晚。为了解我市学练太极拳的情况，市太极拳协会于2007年3月进行了一次调查问卷，共发出问卷1200份，收回933份。现将问卷汇总如下。

1. 学练太极拳的人员构成：在回收的933份问卷中，男性164人，占18%；女性769人，占82%。其中在职人员125人，占14%。在职人员中男女各占50%，说明在职人员男女都同等重视太极拳锻炼，但总体上能参加锻炼的仍然较少。非在职人员中男性占12%，女性占88%，男少女多现象比较突出。据初步了解，男性参加太极锻炼少的原因，一是对太极拳的健身作用认识不足；二是觉得不容易学，打不好，在大庭广众面前不好意思；三是缺乏男性集体练拳的勇气。

2. 从人员年龄构成看：总人数中50岁以上者占83%，50岁以下者占15%，30岁以下者占1.4%。老年多青少年少的现象比较突出。

3. 从文化程度看：在职人员中，大学以上学历者占65%，其中男性在职者大学以上学历的占86%，说明在职人员中高学历者比较重视太极拳锻炼。非在职人员中大学以上学历者占27.55%，也略高于社会上的大学以上学历比例，说明总体上文化程度高者参加太极拳锻炼的比较多。

4. 从练拳资历看：在职人员练太极拳5年以上者占28%，两年以下者占42%，说明近年来市太极拳协会努力在在职人员中推广太极拳的措施取得了一定效果。

5. 从练拳密度看：在职人员每天坚持锻炼者占47%，每周坚持2~3次者占43%，这种情况比较符合在职人员因工作忙，很多人不可能坚持每天锻炼的实际情况。非在职人员每天坚持锻炼者占72.3%，说明非在职人员多数人都能坚持每天锻炼。

6. 从健身效果看：在职人员练拳后健康普遍好转，其中练拳后从未患病者占17%，较练拳前健康明显好转者占72%。非在职人员练拳后健康好转者占98.5%，其中从未患病者占14%，明显好转者占62%。

在职人员有20%练拳后1年内没有患过感冒，非在职人员有18%练拳后1年内没患过感冒。

从调查情况看，练了太极拳对一些慢性病有一定疗效。其中原有便秘者经过太极拳锻炼后明显好转的占87%，原有失眠者有明显好转的占80%，原有胃病者有明显好转的占 78.5%，原有前列腺病者有明显好转的占 69%，原有高血压、高血脂者有明显好转的占 66%，原有腰、颈、腿和冠心病者有明显好转的占 60%，原有糖尿病者有明显好转的占 55%。

7. 过去有人反映练拳后膝痛：这次通过调查发现有这种副作用的占 26%（也可能在调查中有些人没有完全反映出来），说明膝痛问题确实存在，但并不像有些人所说的那么严重。

附学练太极拳社会调查问卷总表。以上调查有一定的局限性，仅供参考。

学练太极拳社会调查问卷汇总表

疾病名称	已愈人数	占患病人数比列	明显好转人数	占患病人数比例	一般好转人数	占患病人数比例	没好转人数	占患病人数比例	明显好转以上	占患病人数比例
冠心病	14	15%	42	45%	35	37%	3	3%	96	60%
三高（高胆固醇、高血脂、高血压）	54	25%	89	41%	65	30%	9	4%	217	66%
糖尿病	2	7.5%	14	48%	11	37%	2	7.5%	29	55.5%
胃病	72	45.5%	52	33%	30	19%	4	2.5%	158	78.5%
前列腺病	4	25%	6	44%	4	25%	1	6%	16	69%
便秘	78	53%	51	34%	10	7%	9	6%	148	87%
腰、颈、腿痛	104	27%	126	33%	128	34%	21	6%	379	60%
失眠	91	39%	95	41%	36	16%	10	4%	232	80%

（此文原刊于《中华武术》杂志 2007 年第 12 期 28、29 页）

二、对群众学练太极拳活动再上台阶的探索

在全国学练太极拳的热潮中，珠海市虽然起步较晚，还是和各地一样，群众性学练太极拳活动有了较大发展。仅市区范围现已有近四千在册会员，改善了参练人员的身体健康，促进了社区精神文明建设。学练中大家都很认真，特别是得益于全国很多著名高手亲临指导与教学，技艺有了较大提高。2006 年经省选拔，以一个地区级市的业余队代表广东省参加全国武术太极拳锦标赛，取得了 2 项个人第一，1 项个人第二，团体总分第六的较好成绩。最近又和周边城市一起进行“三才桩太极推手”比赛，摸索进一步开展推手的途径。总的形势很好，但是仍存在一个重大缺陷，就是有些老师提出批评的：把“拳”练成了“操”，过多地注意外形，对内功的修炼不足。如何在现有基础上再上一个台阶，是摆在我们面前亟待解决的问题。对此，我们进行了一些探索。

首先在协会领导层中统一两个认识。一是肯定过去注重外形没有错。不能因为被批评把“拳”练成“操”

就否定已取得的成绩。任何事物都有一个从初级到高级、从粗到精的发展过程。就像上阶梯，上了第一个台阶就为再上第二个台阶创造了条件，不能因为它还没有达到第二个台阶的标准而加以否定。问题的关键是不能停滞不前，必须继续提高，采取措施再上新台阶。第二个问题是认清太极拳的本质。从东西方文化不同理念的高度，认清西方文化对健身运动只重外在的肢体活动，其具体要求就是增加肢体活动量，加大能量消耗，增长肌肉（虽然也带动心肺功能的配合，而且很多项目都有一定的娱乐性，可以调节情操，但只是附带作用）。中华文化则把人看成是宇宙的一部分，是构造极其复杂的生命体，要求其整体阴阳平衡，运动时除了练形，更重练神，要形神俱练；除了外练，更重内练，要内外兼修。中华武术有句话："内练一口气，外练筋骨皮。"就高度概括了这种理念。太极拳是中华文化的产物，是在太极学说的阴阳平衡理论指导下发展起来的，如果只有外形而忽视了内功，就背离了太极拳的本质要求。

怎么解决内外兼修？陈发科宗师的两句话给我们启发很大。他说："内不动，外不发""腰不动，手不发"（转引自马虹编著《陈式太极拳拳法拳理》）。简明地指出了太极拳的核心与关键，划清了太极拳与其他运动的根本区别，是检验与鉴别太极拳演练的根本性标准。

为了实现"内不动，外不发""腰不动，手不发"，必须改正有些人把套路练习绝对化，以为学会了几个套路就是学会了太极拳的误区，强调学练太极拳基本功（包括热身、练气、练力、练技巧诸方面）、套路（徒手与器械）、推手三个部分都不能偏发。针对前一阶段偏重于套路外形的情况，我们强调要在基本功上补课。

首先加强桩功练习（主要是混元桩），解决“内动”问题。

“内动”我们理解应包括“意动”与“气动”两个方面，和武禹襄《十三势行功要解》中所说的“以心行气”“以气运身”是同一个意思。

“意动”要解决的是意念专注问题，具体体现在“心静体松”，就是李亦畬《五字诀》所要求的“心静”“气敛”“神聚”。过去很多人以为精神、意念是虚的东西，而现代生理学告诉我们，人的思维信号是通过神经元中的突触分泌激素和产生电位差进行传递的，它是实实在在的物质运动。人有什么样的思维或情绪，神经元的突触就会产生相应的激素分泌和电位差。中医讲的“过怒伤肝，过喜伤心，过思伤脾，过悲伤肺，过恐伤肾”就是这个道理。

“心静体松”有什么作用?《黄帝内经》讲“恬淡虚无，真气从之，精神内守，病安从来”。生理学认为人除了中枢神经，还有相对独立的自主神经（也叫植物神经）。植物人的中枢神经已不起作用，但还能生活十多年，而且不得病，就是其自主神经还在发挥作用。自主神经包括交感神经与副交感神经两个部分，前者负责应激反应，人在危急时血压增高，心率加快，肾上腺素分泌增多，瞳孔放大，就是典型的反应。现代很多人生活紧张，工作压力大，心情经常烦躁，使交感神经长期处于亢奋状态，就很容易患高血压、心脏病等疾病。而副交感神经则相反，它亢奋时人的血压下降，心率放缓，更重要的是调节人体内分泌。经常使副交感神经亢奋对身体健康很有好处，但副交感神经亢奋不受中枢神经指挥，需要给它创造一个亢奋的条件，那就是“心静体松”。一般入静 15 分钟左右副交感神经即会亢奋。以上的理论都说明，人体本身具有较强的自我调节能力，入静就是发挥人体自我调节能力的主要方法，并且还可以激发人的潜能。

理解上述道理之后，大家对站桩再不感到“神秘”和疑惑，从而比较自觉地进行站桩训练。

“气动”在太极拳修炼中占有重要位置。王宗岳的“腹内松静气腾然”、武禹襄的“气宜鼓荡，神宜内敛”都在强调“气”的作用，但“气动”又比较复杂，因为一方面太极拳要求呼吸要顺其自然，不能过于执着；另一方面由于人体结构特点形成所有发力都是呼气，因此，武术演练普遍采用逆腹式呼吸。唐豪、顾留馨《太极拳研究》说：“太极拳采取腹式呼吸，古人称作

‘练气’，即通过呼吸来调节神经，按摩内脏，畅通气血，促进新陈代谢。”既然呼吸如此重要而复杂，但在实际教拳中很多老师不教呼吸，说是靠学员自己去悟。实际上有的人一两年就悟出来，有的十年八年悟出来，也有的一辈子也悟不出来。对此，我曾请教过好几位有名望的老师，归纳起来理由有三：一是初学不应分心，二是练不好容易出岔，三是各有门规限制。我们的做法是提倡大家结合站桩练习逆腹式呼吸。逆腹式呼吸也叫变容呼吸，吸气时，横膈肌下行，小腹凹收，腹腔容积变小，腹内空气压力增大；呼气时横膈肌上行，小腹凸出，腹腔容积扩大，腔内压强变小。由于腹腔压强的变化，对腔内的内脏器官起到了不可替代的空气按摩活动，对促进内脏器官的新陈代谢，调节器官功能起到很好的作用。同时也刺激腹部的副交感神经，促使其亢奋。用武术用语来说，就是促使丹田运转，促进内气鼓荡。

站桩有两种练法，一是只求入静，不讲求呼吸；另一种是在入静的基础上，要求采用逆腹式呼吸。少林气功第一阶段不讲呼吸，第二阶段小周天就采用逆腹式呼吸。道家丹道学也采用逆腹式呼吸（他们没有用逆腹式呼吸之名，但用其实）。少林气功要求练逆腹式呼吸 90 天，我们的实践说明，结合站桩练呼吸 60 天即可形成习惯，练拳时无须思考怎么呼吸，自然而然配合拳势用的就是逆腹式呼吸，也就不存在分心问题。

为了避免站桩出岔，我们强调站桩后要做好收功，采用的是冯志强老师传授的“混元功”。因为要全套练完冯志强老师的混元功时间较长，我们浓缩只练“三丹采气”和“降气洗脏”两个功法。自从站桩加练混元功后，还没有发现出岔现象。

“腰动”是“其根在脚，发于腿，主宰于腰，形于手指”的概括，是练成太极拳“整劲”的关键。王宗岳还在《十三势歌》中强调“命意源头在腰隙，刻刻留心在腰间”。其实工人抡锤、农民锄地用的都是腰劲。当前有的人拳练不好，有的发不出劲，就在于没有“腰动”。过去有的人对外三合要领的理解过于绝对化，认为肩与胯任何时候都要完全对应，练拳时腰与胯形成“铁板一块”，转动时是整个身子一起转，完全没有发挥腰的主宰作用。对此，我们重点搞清腰与胯的关系，强调腰胯同轴，但其转动角度依不同的用力而异，一般情况是腰转的角度大，胯转的角度小。至于腰与手的关系，腰是主动，手是被动，是腰带手而不是手带腰。为练好腰，我们提倡大家每天坚持练毛鸿恩老师（霍殿阁弟子，末代皇帝溥仪的侍卫）传授的“坐式腰功”，把腰练松练活，对健身和技击都很有好处。

在加强基本功训练之后，我们强调要把基本功与套路演练有机地结合起来，因为基本功是单项训练，套路是综合训练，两者之间有如何运用与结合的问题。主要措施是在教学中全面贯彻“内不动，外不发”“腰不动，手不发”的原则，教学时除了讲清身、眼、手、脚四法外，特别要讲清呼吸配合（尤其是定势）和运劲的要求，尤其是腰劲的运用。

认识与实践往往是有距离的。虽然经过多年探索，但总体进展还是不太理想，还有待进一步努力工作。

（本文的观点，曾在 2010 年 12 月丽江国际太极拳联谊会高峰论坛上发言。会后重新整理，原刊于《中华武术》杂志 2011 年第 2 期 58、59 页，发表时略有删节）

三、从基层看太极拳规范化

看了《中华武术》杂志2011年第10期上各派太极拳名家谈规范化问题，深受教育和启发。我协会自成立以来，在册会员已发展到四千多人，两次被授予全国群众体育先进单位称号。十多年来的实践使我们对规范化深有感触，特从基层协会的角度提些看法，供参考。

(一)

规范化对传承和推广太极拳都有极其重要的作用，必须下力气抓。多年来，我们在推广24式简化太极拳和各式太极拳竞赛套路时，因动作规范，教学工作开展得较容易。对于一些传统套路，往往同一套拳，不同的老师教的就不一样，经常造成学员的迷惑。老师怎么教，我们就怎么练，平时对个人和小集体练拳都无所谓，但是到大集体演练时就有困难。教的不同，除了个人风格之外，往往掺杂着老师个人的认识与体悟的高低，更重要的是往往把最精髓的东西遗漏了，教拳的不规范对传承与推广太极拳都是不利的。

（二）

对待规范化必须树立大局观，要从国家民族利益的大局出发，才能排除干扰，统一思想。我们很赞成吴文翰老师讲的："一是不要以权力代替学术；二是不要以地方利益代替学术；三是不要用家族利益代替学术。"不能把太极拳变成个人利益和财产，不能局限于门派之见和门户之见，否则就会偏离方向，或者流于形式，丢掉太极拳最精华的部分。

（三）

以往的规范化成绩很大，但要一分为二，看到美中不足，需要总结与提高。20 世纪 50 年代，中国武术研究院审定 24 式简化太极拳，开始了太极拳规范化的初步尝试，以后又先后编了 42 式和陈、杨、吴、孙各式太极拳竞赛套路，这对在全国以至国际推广太极拳起到了巨大作用，形成了历史上从未有过的大众学练太极拳热潮，形势十分喜人。成绩是巨大的，功不可没，但是，由于缺乏经验，推广这些套路时都有个重大缺陷，就是偏重于外形，对基本功的修炼重视不够，没有突出内功的培育与运用。因此，它更多的是起到启蒙作用，发挥了一种有氧运动的健身作用，并引导大家进一步去追求太极拳的内涵，还不能让学练者真正掌握太极拳的内在功夫。在此，我们有个看法，规范套路的动作要重视选择与编排，但对太极拳来说，关键问题不在外形动作（其实各门派的很多动作并不相同），而在于怎么练，是否运用内功来演练。总之，我们今天再次讨论规范化，就要在以往规范化的基础上，认真总结经验教训，发扬成绩，纠正缺点，在新的更高的层次上进行太极拳的规范化。这其实是件“利在千秋”的大事。

（四）

规范化必须首先抓住核心问题统一认识。太极拳的核心问题就在于是偏重于外形，还是内外兼修，以内功为主。我们认为从人体运动的规律角度讲，《拳论》指出的“以心行气”“以气运身”“内不动，外不发”“腰不动，手不发”等要点，鲜明地指出了太极拳运动的本质与核心，离开了这个特点，就不成其为太极拳。我们过去推广工作中的重大缺陷就在于没有突出这点。由此，在2011年《中华武术》杂志第10期72页上就有“太极拳被‘实势化’，庸俗化了”的呼声。汪永泉老师曾指出“有些人忽略了内功，只追求外形，把太极拳练走了样”。因此，规范化的路子必须坚持内外兼修，突出内功修炼，不能把方向搞偏了。

（五）

规范化的内容不能狭隘地只限于规范具体操作动作，而应该包含理论认识、基本功（主要是桩功）和套路、推手。套路动作除了身、眼、手、脚四法的外形，更要讲清运用内气、内劲的主导作用和腰的主宰作用，要把基本功修炼的成果融合到套路动作中去。

（六）

当前规范化的要务：

（1）建议管理机关把多年来的规范化经验与教训加以总结，作为一项指导太极拳运动健康发展的重要依据。

（2）先易后难，首先以太极拳各门派为专题，搞出各门派的规范来，甚至可以选择条件比较成熟的某个门派先行试点。

（3）要广开言路，实行领导、专家、各门派传人和广大练拳群众相结合，应接受过去搞规范套路的教训，不闭门造车，不急于求成。要组织一批专家开展调查研究，广泛征求老拳师的意见，通过多方探讨研究，拿出初稿，然后再征求意见进行修改，经过几上几下，逐步完善，再进行试行检验和修改。

（4）规范化绝非少数人所能完成，要方方面面，集各家之长，同心协力，共同努力推进。

（本文为蒋济舟、吴清璠合写，原刊于《中华武术》杂志 2011 年第 12 期 46 页）

四、关于学练太极拳不“走样”的探索

（一）起因

汪永泉老师批评“有些人忽略了内功，只追求外形，把太极拳练走了样”（引自《汪永泉授杨式太极拳语录与拳照》）。这是大面积推广太极拳中很多单位的通病，是一个亟待解决的倾向性问题。

我们推广太极拳初期，有人批评我们把太极拳练成了“太极操”。在澳门的一个太极拳理论研讨会上，有位老拳师说：“现在练太极拳的人，百分之九十打的不是真正的太极拳。”这些议论对我们触动很大，感情上“很委曲”，细想其提法虽然并不一定很全面、中肯，但却提出了一个极其严肃的问题，就是我们练拳是否抓住了太极拳的本质。通过学习拳论，特别是汪永泉老师的论述，我们找到了问题的症结。十多年来，围绕不要把“拳练走了样”，我们通过不断探索，逐步取得了初步成效。

（二）探索的做法与程序

首先在协会主要领导中统一认识，认清内外俱练，以内功为主不是方法问题，而是学拳的路子问题，是传承太极拳本质特点的体现；然后通过自身学练的探索体验在骨干中宣传，通过多次举办骨干提高班，既从理论上提高认识，又在实践上学会具体练法；再由协会领导分片给会员讲解，由骨干回到辅导站带领会员学练，特别是利用参加省、市比赛练习准备的机会，具体贯彻探索的练法，逐步扩大探索成果。我们在探索中强调三点：①每个问题与动作都要搞清“是什么？”“为什么？”②尽可能用现代科学知识来理解和阐释古谱的论述与口诀。③选取简明清晰便于操作的分解动作解析要领，以利落实。我们的探索是以整个协会为平台，通过多年反复实践逐步提高的过程。

（三）探索的具体内容

1. 提高认识，全面理解太极拳的本质与特点

周恩来总理在向日本友人介绍太极拳时指出：“太极拳是中国的一种优秀传统文化，内涵十分丰富，充

满哲理。”同时还说：“太极拳是一项极好的健身活动，可以强身健体，可以防身自卫，可以陶冶情操，也是一种美的享受，给人们带来情趣和幸福，延年益寿。”对太极拳的本质内涵与功能作用作了精辟阐述，告诉我们必须从文化和生理两个层面认识与理解太极拳。为了便于大家分析研究，我们整理了一个《全面理解太极拳的简要提示》（表 11-1）。试图从太极拳的构成以及各个要素的关系给大家一个提示。同时，针对学员实际，着重澄清以下几个认识：

（1）从文化理念的高度，认清太极拳不同于一般运动侧重于肢体的外在运动，它既重视肢体的“外动”，更强调“内气”“内功”的“内动”，主张内外俱练，以内为主。对于运动理念，东西方文化的理解是有差异的。西方文化所讲的人体运动，主要指外在的肢体运动，它所强调与追求的是肢体的负荷量、消耗能量与促进肌肉增长，它的运动项目侧重于跑、跳、举重、球类等。由于人体的整体性，外在肢体的运动也会带动内在运动，比如跑、跳会带动心肺功能的配合，但这种配合是被动的，也是不全面的，而且有时还会造成某些内脏器官供血不足的负作用。中华文化则认为，人体是宇宙的一部分，是一个极其复杂的生命体，强调要保持其整体的阴阳平衡，人体运动既讲形，更重神，强调形神兼修；既讲外，更重内，强调内外俱练，重在“内功”。

表 11-1 全面理解太极拳的简要提示

太极拳是中国的一种优秀传统文化，内涵十分丰富，
充满哲理。太极拳是一项极好的健身活动

生理层面

健身运动
促进人体的新陈代谢

内动练气
主要作用：
调节神经系统
按摩内脏
疏通经络
培养内气

外动
主要是肢体运动

拉筋

长肌肉

技击攻防
强调：
引进落空
借力打力
以柔克刚
后发制人

文化层面

阴阳互根的辩证哲学
天人合一的和谐思想
以柔克刚的战术原则
心静神敛的人性修养

套路演练
是练气、拉筋与技击的综合练习
强调：
以心行气，以气运身
内不动，外不发
腰不动，手不发

推手
注意练

应变能力

技巧

功力

太极拳虽然也讲究外部肢体动作的规格与作用，但更重要的是讲每个动作内在的“内气”运行和“内功”作用。因此，太极拳的“内动”是主动性的，是全面性的。如果不从运动理念上去理解太极拳的“理”，实践起来就会出现偏差。

(2) 从人体运动的方式讲，太极拳动作的突出特点是“以心行气”“以气运身”（引自武禹襄《十三势行功要解》）。其外在表现正如陈发科讲的要体现“内不动，外不发”，“腰不动，手不发”（转引自马虹编著《陈式太极拳拳法拳理》）。生理学告诉我们：人的运动是由大脑中枢神经发出指令，通过神经元的传递直接指挥肌肉产生伸缩做出动作。太极拳则不同于一般的运动方式，它是大脑中枢神经发出指令首先激发“内气”（用现在的话讲是人的生命能量），然后通过内气配合神经元指挥肌肉产生伸缩做出动作，这中间多了一个“内气”的作用。这就决定了太极拳动作和一般运动动作的实质性区别，并构成了太极拳演练的特点与韵味。我们认为这是人体运动方式的一个飞跃与革命，从这个意义上讲，太极拳（包括所有内家拳和讲求内功的拳术）是中国武术运动发展过程中的一个飞跃，是使中华武术走上更高阶段的革命。

(3) 摆正太极拳套路练习的位置。过去，很多学员误以为学了几个套路就是学会了太极拳，甚至个别人学会了几个套路就开始收徒教人。通过学习与分析，使大家认识太极拳套路是太极拳的一种主要表现形式，是学练太极拳的重要方法，是太极拳练气、拉筋与技击的综合练习阶段，但并不是太极拳的全部。学练太极拳的内容除了理论学习，还应包括基本功、拳架套路与推手三个部分。三者应该互相配合，互相促进，可以根据各人的实际有所侧重，但不应偏废，做到既重视套路，又不局限于套路。

(4) 从攻防理念上讲，太极拳不同于一般拳术注重以力抗力，它强调舍己从人，借力打力，以柔克刚，后发制人。正如金庸说的“太极拳的基本构想，在世界任何拳术、武功、搏击方法中是独一无二的，这是老庄哲学在拳术中的体现”（转引自吴公藻编著《太极拳讲义》）。

2. 加强基本功练习

过去新学员学拳一上来就学拳架套路，现在改为首先学练基本功。按照武术“内练一口气，外练筋骨皮”的指引，我们强调练功主要内容是“内练气、外拉筋”。先辈们给我们创造了很多练气、拉筋和增长功力的功法，我们着重从健身角度出发，从中选择几项操作比较简易、效果比较明显的供大家平时练习。比如

“拉筋”着重练毛洪恩老师（霍殿阁第子）传授的“坐式腰功”（原叫意气功），在杨式太极拳热身功的基础上增加一些动作的“热身功”、压腿拉抻等。“练气”主要练冯志强老师传授的混元桩与混元功，着重练好松静、运气与逆腹式呼吸。鉴于混元功全套十多个动作要练个把小时，我们重点把三丹采气和降气洗脏两个功法结合起来练。

3. 学练套路时，在重视“外形”，依攻防含意，严格按照身、眼、手、脚“四法”规范动作的基础上，强调抓好以下几个环节

(1) 首先要做到“心静体松”。李亦畬在《五字诀》中强调练拳必须“心静、身灵、气敛、劲整、神聚”。首先要“心静”。关于心静有些书上介绍要按安静、宁静、虚静等多种层次，操作起来不易掌握。我们体会从生理学的角度来分析，太极拳的“静”大致有三种状态：一是既没有思维也没有动作的“入静”，整个人处于混混沌沌、似有似无的虚无状态，就是老子讲的“致虚极，守静笃”。其要点是让人恢复到不受外界干扰的原始状态，最大限度地发挥人体固有的自我调节与修复作用，激发人的潜能（这时一般人的脑电波呈 α 波形，其频率为每秒 8~13 次）。现代生理学告诉我们，人如

"入静"10~15 分钟，即能促使副交感神经亢奋，这时心率放缓，血压下降，各项内分泌与内脏功能得到调节，对身体功能与健康很有好处。我们先辈开创的这种健身大法，已经逐渐被世人公认，据报载现在很多外国医学部门开始承认"冥思凝想"可以缓解很多疾病。二是有思维而没有动作的"以心行气"状态。就是在"心静"的基础上，用意念驱使"内气"循经运行，比如静功中的"小周天""大周天"练法。三是既有思维又有动作的"以气运身"状态。即在"心静"的基础上，用意念（即太极拳强调的"用意"）驱使内气催动肢体运动，这就是平时所说的"动功"，是太极拳拳架动作的基本运动形式。以上三种状态，前两者是桩功的主要内容，也是修炼内功的主要方法，因此，练拳必须坚持桩功练习，正如武术界常说的"练拳不练功，到老一场空"。对"以心行气""以气运身"的要求很多初学者感到很"虚"，不知从何入手，我们提倡结合站桩练习运气，从开始意守丹田到以意念引动内气在丹田内转，然后引动"小周天""大周天"，使大家很快找到感觉。曾经有人提出太极拳拳架套路就是"动功"，不需要另练桩功。我们通过实践体验，静功与动功在本质上是一致的，但其作用与功能仍有区别，有些静功的功能是动功无法替代的。拳论中说的"一羽不能加，蝇虫不能落”，在站桩入静时，就很容易找到感觉，在此基础上更有利于进一步增强“听劲”锻炼。

“心静”在身体形态上的反映就是“体松”，两者应该是表里关系，是相辅相成的。武禹襄指出“极柔软，然后能极坚刚”（引自《太极拳解》）。李雅轩主张“大松大软，神明感应”（引自张文毅著《太极拳理传真》李雅轩书信摘录）。体松的作用，一是使内力的传递不受阻滞，有利于形成“整劲”，这是改变局部使劲的“拙力”习惯的前提条件。二是只有在松静的状态下，才能充分发挥神经元传递过程中生物电变化和递质（激素）分泌产生强大内力的作用，激发人体潜能，即李雅轩说的“神明感应”。为了提高运动成绩，西方有些人采取服用兴奋剂（激素）的非人道办法。中华武术则通过内功修炼促进自身激素分泌，增强内功，激发潜能，这是世界上独一无二的练法，值得进一步从生命科学的角度去研究发掘。

学练中要做到放松不容易，有些学员往往为了保持掤劲，做不到放松。为了正确处理放松与掤劲的关系，赵群德老师（霍殿阁再传弟子）教授我们采取搭手检查的办法，让双方搭手试力，看你是否做到不丢不顶，顶了说明没有放松，丢了说明没有掤劲，使大家体会到练拳放松应达到的要求，并为下一步学推手打下基础。

（2）处处以腰为主宰

练内家拳向来有“太极腰、八卦步”的说法，强调腰在太极拳中的主宰作用。

对于太极拳力的传导，武禹襄有个形象的说法“其根在脚，发于腿，主宰于腰，形于手指，由脚而腿、而腰，总须完整一气”（引自《十三势说略》）。其涵义应包括：①脚、腿、腰、手是互相联系的整体，不能只是局部用力，而应是“完整一气”的太极“整劲”。②它们之间有主次之分，腰是“主宰”，起催动或带动作用，是腰带手，而不是手带腰，是腰带胯而不是胯带腰。③由于太极拳的运劲是“以心行气”“以气运身”，所以腰劲始终和丹田内气相结合起作用。在操作上就有气沉丹田、丹田内转、腰腹折叠（有的说胸腹折叠）等体现。其实，以腰为主宰是由人体生理结构决定的。平日，工人抡锤、农民锄地，都很自然地使用腰劲，太极拳只是把它加以理论化、专业化、条理化而已。为了突出腰的作用，陈发科更简明地强调练拳要：“内不动，外不发”“腰不动，手不发”。学拳中不会用腰一般表现在三点：一是手动腰不动；二是胯转腰不转；三是发劲时只是胸肩手使劲，没有用腰劲。为了学会用腰，除了提倡大家坚持每天按毛洪恩老师传授的“坐式腰功”把腰练松练活外，我们着重在教练具体动作时突出用腰的操作。比如练陈式太极拳的缠丝功，强调以腰带动手，以躯干的缠丝带动手脚缠丝；太极起势是借用腰劲把手掤起而不是靠手劲把手抬起；练习云手时让学员坐在凳子上转腰带动手的动作；对陈式太极拳松活弹抖，我们强调重点在腰的弹抖。有些学员练掩手肱捶发劲，主要用胸肩和手的力量，没有发挥腰的主宰作用，不但发不出劲，反而容易造成“气上浮”，不利健康。

(3) 学会“呼吸”与运气。王宗岳的《太极拳论》强调太极拳要“气沉丹田”；《十三势歌》强调“腹内松静气腾然”；武禹襄在《十三势说略》中强调“气宜鼓荡”。这些“气”怎么来？武术练功的方法是“以外气引动内气”。所谓“外气”是指我们呼吸大自然中的空气；所谓“内气”主要指中医所讲的元气、中气，古字为“炁”。“外气”引动“内气”，其间有个中间环节，就是人的腹腔里的空气，这是“丹田内气”的物质实体。所谓“以外气引动内气”，就是在呼吸外气时，通过小腹丹田气的“鼓荡”，促进内气的运行与增长。释德虔、徐勤燕编著《少林气功秘集》中讲：“小周天……的呼吸方法是吸气时腹部收缩，呼气时腹部凸起。”人的生理构造形成，武术里的所有发力动作都是口鼻呼气，腹部凸起，这就是现代生理学里讲的逆腹式呼吸(或叫腹式逆呼吸)。当人采用逆腹式呼吸吸气时，横膈肌下压，腹部收缩，腹腔容积变小，腔内压强增大；呼气时横膈肌上升，腹部凸起，腹腔容积增大，腔内压强减小，腹腔内的脏腑被空气压强的大小变化按摩运动，同时刺激气海、关元等相关的穴位和腹部神经，从而促进整个内气的运动和增长，所以武术界有 “拿住丹田练内功”的说法。学会呼吸和运气是学练太极拳的重要课题，以往很多老师一般不教呼吸，主张让大家在练拳中慢慢去体悟。对此我们曾和多位全国著名的老师探讨过，鉴于太极拳是内家拳，它的核心特点就是“以心行气，以气运身”，如果不教呼吸，不会运气，学员做不到“气沉丹田”，无法实现“内气鼓荡”，难以练就“内功”，那就会丢掉根本。因此，我们主张从初学起就教练呼吸。为了避免学套路动作时顾了呼吸影响动作，我们采取站桩练习逆腹式呼吸（必须是腹式呼吸，至于顺逆只是作用程度的不同，因逆腹式呼吸效果较好，因此被各家广泛采用），一般经过 60~90 天的站桩练习就能养成习惯。再练拳架动作时，无须考虑怎么呼吸，就能很自然配合用上逆腹式呼吸。比如做太极起势，两手掤举时自然吸气，腹部收缩，做到“气贴背”；两手下按时自然呼气，腹部凸起，形成“气沉丹田”。太极拳演练全过程都要配合呼吸，但初学不能过于执著，而要“自然”，才能做到“腹内松静气腾然”。呼吸练习是一个较长的过程，初练时不必要求过高，但至少要做到动作定势时呼气，形成“气沉丹田”。

太极拳的呼吸要求“深、长、细、匀”。和呼吸相配合的动作也就要求松沉舒缓，这是太极拳“内功”修炼的要求，搞清这一点，对改变有些人认为太极拳是“老人拳”的误解应该有所帮助。

（四）探索的初步成效

多年来的实践表明，凡是按照“内外俱练，以内功为主”的路子走的，健身与技击效果都有明显提高。公安村小区辅导站有二十多人，成员中有大学教授、政府公务员、企业职工和离退休人员，他们按协会探索的路子，在练拳时注意基本功与套路相结合，加强内功修炼，健身效果比较明显，其中 9 人原有各种不同疾病，练拳后病情都有所改善，详见表 11-2。过去很多人练陈式太极拳 56 式，练完之后气喘，脸色发白，注意改进松沉、特别是气沉丹田后，就避免了这类现象。近年来，按照探索路子训练的会员在外出参加比赛中都取得较好成绩。2012 年协会组织 13 人参加第 4 届世界太极拳健康大会，在 80%是新手的条件下，集体项目获得业余选手的最高分，个人获得 8 枚金牌。在近几年我市试办的有周边城市参加的“三才桩”太极推手邀请赛中我市选手取得了应有的成绩。在多次和台湾一些县市的套路与推手交流中，我市的特点被肯定，交流成果受到好评。

表 11-2 珠海市公安村小区晚练太极拳辅导站练拳成效一览表

序号	姓名	性别	出生年月	所在单位、职务	学拳开始时间	学拳前疾病症状	现在身体状况
1	崔×举	男	1963年	公安干警	2012.5	心血管疾病，心慌气短，手指有时发麻	以上症状全部消失，医生检查已恢复正常
2	邹×先	男	1955年	建盛公司工程师	2011.1	心绞痛，脂肪肝，高血压	心绞痛已好，脂肪肝与高血压恢复正常，白天上班，早晚练拳
3	刘×阳	男	1972年	吉林大学珠海学院教授	2009	连续5年体检三高（高血压、高血脂、高血糖）	2013年3月体检，三高全部消失，恢复正常
4	刘×武	男	1948年	退休	2010	2010年查出糖尿病	血糖已恢复正常，不用吃药
5	魏×涛	男	1965年	公安干警	2013.2	类风湿性关节炎、中风（脑梗塞）身体右侧活动受限，手心发暗，手指关节、肩关节肿胀，血脂高	手心变红润，手指关节、肩关节肿胀基本消除，血脂指数恢复正常

（续表）

序号	姓名	性别	出生年月	所在单位、职务	学拳开始时间	学拳前疾病症状	现在身体状况
6	王×珍	女	1972年	公务员	2009.3	过敏性鼻炎，过敏性支气管炎，变异型哮喘。患病7~8年，每年最少发作6~7次	发病次数明显减少，不吃药，症状现已消失
7	何×凤	女	1949年	退休	2011.3	心脏病（随身备用救心丹），高血压，脂肪肝，颈椎增生	不用吃药，心脏病好了，高血压与高血脂正常了，腰椎与颈椎不痛了
8	江×珍	女	1950年	退休	2011.3	类风湿关节炎，两手关节肿病，腰椎间盘突出	不用药，全部症状消失
9	吴×玲	女	1967年	建盛公司职员	2011.1	内分泌失调，经期不准，痛经，脸上长黑斑	经期准了，脸上黑斑自然消失，脸色变红润

注：本表系根据本人报来材料汇总

我们的探索虽然取得了初步成效，但当前也只是在多数骨干中有所领会，会员大多数还有个继续学习训练的艰苦过程，总体看，有些问题还没有触及与解决，探索有待进一步深化。

（本文为蒋济舟、吴清璠合写，入选“2013年首届广东省武术科学论文报告会”，被评为一等奖，后刊于《中华武术》杂志2014年第2期54~56页）

五、学练太极拳的两个认识和一个希望

注：2013 年 12 月 21 日，在广州体育学院武术系系庆 10 周年武术专题论坛上安排了 4 人发言。一是中国十大武术教练之一、中国武术九段陈昌棉讲述当年对南拳的调研和编写教材、编排套路的历史与感悟；二是梁伟明主编介绍创办《武林》与《中国功夫》杂志的经历与体会；三是广东省武术协会荣誉会长梁国德老师介绍粤西洪拳的特点；四是本书作者谈学练太极拳的两个认识和一个希望。作者发言后，大家认为“讲得非常好，很专业，抓住了关键”。现特将发言加以整理。

笔者是珠海市太极拳协会执行会长，现谨从基层协会的角度对太极拳发展中的一些看法做个汇报。

太极拳是一项具有优异技击与健身功效的武术品种，演练太极拳是一种高层次的文化享受。旧社会除了以此谋生的拳师外，只在王府权贵和高官的小圈子流行。解放后党和政府把它解放出来，发动全民推广，让广大人民群众共享祖国优秀传统文化的恩泽，据说全国已有上亿人学练太极拳，这是历史上从来没有过的新气象，形势喜人，功不可没。我们珠海市在全国热潮的带领下，自 1996 年成立组织以来，发展很快，现已有办了证的在册会员 6000 多人。事物总是一分为二的，在取得巨大成绩的同时，也有美中不足。有人批评我们把“拳”练成了“操”，有的说很多人练的不是真正的太极拳。说明我们还没有完全抓住太极拳的本质，带着这个问题，通过多年的探索，我们逐步提高了认识。我今天要谈的就是通过探索提高的两个认识和一个希望。

（一）学练太极拳必须紧紧围绕中华文化的特点，抓住内功修炼的根本

太极拳是人体运动，东西方文化自古以来都重视人体运动，但对具体运动的理念却有差异。西方文化对运动主要强调肢体的“外在运动”，通过外部活动消耗能量。中华文化则把人看作一个生命整体，讲究总体的阴阳平衡，既重视肢体的“外动”，更强调“内动”，主张“内外俱练，以内功为主”。武术界有句话概括得很好：“内练一口气，外练筋骨皮。”“内练”的内容包括调节神经系统、按摩内脏、疏通经络，其核心是要增长“内气”。太极拳的动作是“以心行气”“以气运身”，重在调动“内气”，增强“内功”，不是单纯的肢体活动。这应该是太极拳的本质与核心，如果丢掉了“内气”“内

功”，也就不成其为太极拳。所以汪永泉老师批评“有些人忽略了内功，只追求外形，把太极拳练走了样”。理念上认清了问题的症结，在具体练法上，我们除了练套路，强调一定要练基本功，尤其是桩功。在套路训练中强调要心静体松，突出以腰为主宰，学会呼吸与运气，坚持“以心行气”“以气运身”，以内气催动套路动作，又通过套路练习促进内功的增长。

（二）突出以腰为主宰的“整劲”

对太极拳力的传导，武禹襄指出“其根在脚，发于腿，主宰于腰，形于手指，由脚而腿、而腰，总须完整一气”。陈发科强调要“内不动，外不发”“腰不动，手不发”。发力主宰于腰是由人体结构所决定的。农民锄地、工人抡锤，都很自然地用腰劲。太极拳用腰还强调和丹田内气相结合，按完整一气的要求，形成“整劲”。人由于后天生活养成了局部肌肉用力的习惯，练拳时往往形成局部用力的“拙力”现象。在学练太极拳中，很容易犯“只动手不动腰”“只转胯不转腰”的毛病，很多老师教拳，对手、脚、眼法讲得多，身法（主要是腰）讲得少，把内气催动下的周身运动变成了只是动手动脚的“操”。这是个认识和观念问题，认识不端正，练拳必然走偏。

（三）提个希望：大家共同努力，大力促进中华武术的科学化

中华武术本身是很科学的系统工程，而且很多理念是十分超前的，但是由于历史条件的限制，很多要领、口诀只能凭古人的本体感和体验来论述，使现代人学练时感到“深奥”“虚玄”，不好理解。我们今天的武术工作者，要继承和发扬中华武术，就必须用现代科学去分析和阐释，不能只停留在主观意念上的感悟。应该说把中华武术的科学化作为当今武术工作者肩上不可推卸的历史责任。我有个经历，有位老师在教授练拳呼吸时说：“吸气之后，呼气时一半从口鼻呼出，一半向下落到丹田。”这种说法虽然很形象，但既不符合人的生理结构，也无法实践，需要有个符合现代科学道理的说法。又如我们练拳都说“气”，除了医学上的“元气”“宗气”“卫气”的解释外，在武术运动中到底指的是什么？它在生理上是如何形成的？如果按中医学说的“气”是一种生命能量，武术里的“气”是不是可以理解为“能量流”？还有“内功”，它的内涵与实质，形成的条件与过程，以及练拳中的许多问题都需要从生理学和生命科学的角度加以证明与阐释。这就需要通过许多科学实验，做很多艰苦的研究才能

解决。医学界过去因为普通的解剖方法无法证实经络的存在，长期流行一种否定经络的看法。近年来，经过很多学者用多种现代科学方法和仪器证实了经络的客观存在，从而改变了医学界对经络理论的认识，他们的经验值得武术界认真借鉴。

图书在版编目(CIP)数据

大众学练太极拳健身要点 / 吴清璠编著. - 北京：
人民体育出版社，2014（2014.9.重印）
ISBN 978-7-5009-4637-3

Ⅰ.①大… Ⅱ.①吴… Ⅲ.①太极拳-基本知识
Ⅳ.①G852.11

中国版本图书馆 CIP 数据核字（2014）第 050939 号

*
人民体育出版社出版发行
三河兴达印务有限公司印刷
新 华 书 店 经 销
*
850×1168 32 开本 4.5 印张 75 千字
2014 年 6 月第 1 版 2014 年 9 月第 2 次印刷
印数：5,001—8,000 册
*
ISBN 978-7-5009-4637-3
定价：25.00 元

社址：北京市东城区体育馆路 8 号（天坛公园东门）
电话：67151482（发行部） 邮编：100061
传真：67151483 邮购：67118491
网址：www.sportspublish.com